MIX
Papier aus verantwortungsvollen Quellen
Paper from responsible sources
FSC® C105338

Idealverein für Sportkommunikation und Bildung e.V (Hrsg.)

Kristina Unsleber

Kooperation von Schule und Verein in Bayern

Problematik und Hemmnisse bei der Realisierung von Ganztagsangeboten aus Sicht von Sportvereinen

disserta Verlag

Idealverein für Sportkommunikation und Bildung e.V (Hrsg.), Unsleber, Kristina:
Kooperation von Schule und Verein in Bayern. Problematik und Hemmnisse bei der
Realisierung von Ganztagsangeboten aus Sicht von Sportvereinen. Hamburg, disserta
Verlag, 2015

Buch-ISBN: 978-3-95935-208-6
PDF-eBook-ISBN: 978-3-95935-209-3
Druck/Herstellung: disserta Verlag, Hamburg, 2015
Covermotiv: © laurine45 – Fotolia.com

Bibliografische Information der Deutschen Nationalbibliothek:
Die Deutsche Nationalbibliothek verzeichnet diese Publikation in der Deutschen
Nationalbibliografie; detaillierte bibliografische Daten sind im Internet über
http://dnb.d-nb.de abrufbar.

Das Werk einschließlich aller seiner Teile ist urheberrechtlich geschützt. Jede Verwertung
außerhalb der Grenzen des Urheberrechtsgesetzes ist ohne Zustimmung des Verlages
unzulässig und strafbar. Dies gilt insbesondere für Vervielfältigungen, Übersetzungen,
Mikroverfilmungen und die Einspeicherung und Bearbeitung in elektronischen Systemen.

Die Wiedergabe von Gebrauchsnamen, Handelsnamen, Warenbezeichnungen usw. in
diesem Werk berechtigt auch ohne besondere Kennzeichnung nicht zu der Annahme,
dass solche Namen im Sinne der Warenzeichen- und Markenschutz-Gesetzgebung als frei
zu betrachten wären und daher von jedermann benutzt werden dürften.

Die Informationen in diesem Werk wurden mit Sorgfalt erarbeitet. Dennoch können
Fehler nicht vollständig ausgeschlossen werden und die Diplomica Verlag GmbH, die
Autoren oder Übersetzer übernehmen keine juristische Verantwortung oder irgendeine
Haftung für evtl. verbliebene fehlerhafte Angaben und deren Folgen.

Alle Rechte vorbehalten

© disserta Verlag, Imprint der Diplomica Verlag GmbH
Hermannstal 119k, 22119 Hamburg
http://www.disserta-verlag.de, Hamburg 2015
Printed in Germany

Inhaltsverzeichnis

Abbildungsverzeichnis 7

Tabellenverzeichnis 8

Abkürzungsverzeichnis 9

1 Einleitung 11
    1.1 Ausgangslage und Zielstellung 11
    1.2 Aufbau und Abgrenzung der Arbeit 13

2 Ganztagsschulen in Deutschland: Entwicklung und Ist-Situation 15

3 Methodik 20
    3.1 Methoden der Marktforschung 20
    3.2 Methodische Vorgehensweise bei der Primärforschung 21

4 Analyse des Ganztagsschulmarktes in Bayern 24
    4.1 Einordnung, Definition und Zweck einer Marktanalyse 24
    4.2 Bestandteile der Marktanalyse 25
    4.3 Theoretischer Hintergrund: Das Viabilitätsmodell 27
    4.4 Durchführung der Marktanalyse 30
        4.4.1 Umweltanalyse 30
        4.4.2 Beschreibung und Segmentierung des Zielmarktes 35
        4.4.3 Analyse der Marktgröße und der Marktentwicklung 42
        4.4.4 Analyse der Marktstruktur 48
            4.4.4.1 Analyse von Wettbewerbern 48
            4.4.4.2 Analyse von Stakeholdern 51
        4.4.5 Potenzialanalyse des Zielmarktes 55

5 Problematik und Hemmnisse bei der Realisierung von
   Ganztagsangeboten aus Sicht von Sportvereinen 58

6 Die „Bewegte Ganztagsschule" des ISB als Best-Practice-Beispiel 63

7 Handlungsempfehlungen zum Entgegenwirken gegen zuvor
   identifizierte Problematik und Hemmnisse 66

8 Fazit und Ausblick 69

Literaturverzeichnis 71

9 Anhang 76
  9.1 Anhang 1: Ergebnisse der Befragung der Sportvereinsvertreter 76
  9.2 Anhang 2: Ergebnisse der Befragung von Schulleitern 105
  9.3 Anhang 3: Höhe der Fördersummen des Freistaats Bayern 130
  9.4 Anhang 4: Stakeholderanalyse 132

Abbildungsverzeichnis

Abbildung 1:	Bereiche der Marktuntersuchung	24
Abbildung 2:	Inhaltsdimensionen der Marktanalyse	26
Abbildung 3:	Viabilitätsmodell von Organisationen	27
Abbildung 4:	Sphären der Makroumwelt	30
Abbildung 5:	Pädagogische Schwerpunkte der Ganztagsangebote in Bayern	37
Abbildung 6:	Umfang der Kooperationen mit Sportvereinen aus Sicht von Schulen	39
Abbildung 7:	Ausdifferenzierung der Kooperationsmodelle	40
Abbildung 9:	Anzahl der Ganztagsschulen in Bayern	43
Abbildung 10:	Schülerzahlen in der (verlängerten) Mittagsbetreuung zwischen 1993 und dem Schuljahr 2012/13	44
Abbildung 11:	Anteil der Schülerinnen und Schüler im Ganztagsschulbetrieb an allen Schulen (in Prozent)	45
Abbildung 12:	Umfang der Kooperationen mit Schulen aus Sicht von Sportvereinen	47
Abbildung 13:	Prozentuale Verteilung der Kooperationspartner der Offenen Ganztagsschulen an Mittelschulen im Regierungsbezirk Unterfranken im Schuljahr 2013/2014	49
Abbildung 14:	Stakeholderanalyse: Nähe zum Projekt	53
Abbildung 15:	Stakeholderanalyse: Einfluss und Konfliktpotenzial	54
Abbildung 16:	Zufriedenheit mit dem Ausbaustatus von Ganztagsangeboten an bayerischen Schulen	56
Abbildung 17:	Kooperationen mit Sportvereinen	57
Abbildung 18:	Bedarfe für Hilfestellungen durch eine Beratungsagentur	68

Tabellenverzeichnis

Tabelle 1: Anteil der Ganztagsschulen an jeweils allen Schulen nach Schularten 2005 (x= Schulart nicht vorhanden; /=keine Angabe) 17

Tabelle 2: Stakeholderanalyse: Erwartungenb seitens des Vereins sowie der Stakeholder 52

Abkürzungsverzeichnis

BLSV	Bayerischer Landes-Sportverband e.V.
ISB	Idealverein für Sportkommunikation und Bildung e.V.
IZBB	Investitionsprogramm „Zukunft, Bildung und Betreuung"
LASPO	Bayerische Landesstelle für den Schulsport
SAFTSQ	Study on Active Full Time School Quality
Sport-nach-1-SAG	Sport-nach-1-Sportarbeitsgemeinschaft
StEG	Studie zur Entwicklung von Ganztagsschulen
USP	Unique-Selling-Proposition

1 Einleitung

1.1 Ausgangslage und Zielstellung

Die Ergebnisse der ersten PISA-Studie im Jahr 2000 offenbaren strukturelle Schwächen im deutschen Bildungssystem. Während insbesondere Schüler skandinavischer Staaten überdurchschnittliche Leistungen erzielen können, weisen Kompetenzen der deutschen Schüler in Lesen, Mathematik und den Naturwissenschaften deutliche Schwächen auf. Eine noch bedeutendere Erkenntnis der PISA-Studie liegt jedoch in den sich in erheblichem Maße offenbarenden sozialen Schließungsmechanismen: in Deutschland ist der Kompetenzerwerb der Schüler gekoppelt an die soziale Lage der Herkunftsfamilie.[1] In anderen europäischen Staaten wie beispielsweise in Finnland zeigt sich hingegen, dass ganztägiges Lernen neben einem positiven Einfluss auf die Wissensvermittlung auch indirekt Auswirkungen auf die Sozialisation von Schülern hat. Diese bildungspolitischen Ziele sollen mit dem flächendeckenden Ausbau von Ganztagsschulen auch in Deutschland unterstützt werden, um den strukturellen Schwächen im Schulsystem entgegenzuwirken. Eine zweite intendierte Wirkungsrichtung, welche den Ausbau von Ganztagsschulen vorantreibt, ist „der zunehmende Bedarf nach ganztägiger Betreuung zur Vereinbarkeit von Familie und Beruf"[2]. Dieses sozial- und familienpolitische Ziel ist insbesondere auf die steigenden Anzahlen an Alleinerziehenden aber vor allem auch beiderseits erwerbstätiger Eltern zurückzuführen.

Diese Intentionen veranlassen die Bundesregierung im Jahr 2003 dazu, mittels des Investitionsprogramms Zukunft, Bildung und Betreuung (IZBB) bis zum Jahr 2009 insgesamt vier Milliarden Euro in den bedarfsgerechten Auf- und Ausbau von rund 8.200 Ganztagsschulen bundesweit zu investieren[3]. Aufbauend auf dieser materiellen Grundlage zur Ausweitung des Ganztagsschulangebotes entwickeln die Bundesländer jeweils eigene vielfältige Organisationsmodelle von Ganztagsschulen.

---

[1] Vgl. Artelt et al. (2001)
[2] Sekretariat der Ständigen Konferenz der Kultusminister der Länder in der Bundesrepublik Deutschland (Hrsg.) (2011)
[3] Vgl. Bundesministerium für Bildung und Forschung (2014)

Um dem Anspruch des ganzheitlichen Lernens mit Hilfe von Ganztagsschulen gerecht zu werden, wird von vielen Landesregierungen eine Öffnung der Schulen hin zu ihrem Umfeld und darauf aufbauende Kooperationen mit externen Einrichtungen ausdrücklich angestrebt[4]. Solche Kooperationen ermöglichen den Schülern neben einer verbesserten individuellen Förderung auch eine Inanspruchnahme von zusätzlichen sportlichen, kulturellen, musischen und kreativen Bildungsangeboten. Neben bildungspolitischen Aspekten existieren auch finanzielle Gründe, weshalb Kooperationen von Seiten der Länder angestrebt werden. Gerade im Hinblick auf Opportunitätskosten ermöglichen derartige Kooperationen Kostenersparnisse, da die kostenaufwendige Einstellung unbefristet beschäftigter, verbeamteter Lehrer oder auch von Betreuungspersonal speziell für ganztägigen Unterricht umgangen werden kann und so Personalkosten und Pensionsrückstellungen eingespart werden können. In Bayern werden daher durch das Bayerische Staatsministerium zur Unterstützung und Erleichterung der Umsetzung von Ganztagsschulen entsprechende Rahmenvereinbarungen mit Verbänden und öffentlichen Trägern geschlossen.

Eine häufig vorkommende Form der Kooperation stellt deutschlandweit die Kooperation zwischen Schulen und Sportorganisationen dar[5]. Ein Grund hierfür könnte zum einen in dem zuvor benannten monetären Aspekt liegen. Vom organisierten Sport wird im Hinblick auf die Ressource „Ehrenamt" erwartet, dass er viele Herausforderungen – möglicherweise schon aus „traditioneller" Gewohnheit heraus – kostengünstig zu lösen vermag. Ein zweiter Grund liegt in der Vielfalt an Bildungspotenzialen, die der Sport Kindern und Jugendlichen zu bieten hat. Durch die Integration von Bewegung, Spiel und Sport in das pädagogische Konzept einer Ganztagsschule können neben körperlich-motorischen Fähigkeiten und Fertigkeiten von Schülerinnen und Schülern auch deren psychosoziale Ressourcen, wie beispielsweise Selbstwirksamkeitserwartung, Selbstkonzept, Kooperationsfähigkeit und emotionale Stabilität, gefördert werden[6]. Neben Auswirkungen auf Sozialverhalten und Persönlichkeitsentwicklung spielt bei bewegungsorientierten Ganztagsangeboten auch der Gesundheitsaspekt eine wichtige Rolle. Insbesondere in der Altersgruppe der Grundschul-

---

[4] Vgl. Teuber (2004), vgl. Art. 2 Abs. 5 BayEUG für Bayern
[5] Arnoldt (2008), S. 89
[6] Vgl. Sygusch (2007)

kinder gelten Bewegungsarmut und Übergewicht als Schlüsselprobleme, denen mit Bewegung, Spiel und Sport im Ganztag entgegengewirkt werden kann.[7]

Aufgrund des enormen Wirkungspotenzials von Kooperationen zwischen Schulen und Sportvereinen werden solche Kooperationen in Bayern durch die Landesregierung und den zuständigen Bayerischen Landes-Sportverband (BLSV) angestrebt und auf unterschiedliche Weise gefördert. Die im Jahr 2005 abgeschlossene Rahmenvereinbarung „Musik und Sport in der Schule mit Ganztagsangeboten" zwischen dem Bayerischen Staatsministerium für Unterricht und Kultus sowie dem Bayerischen Musikrat und dem Bayerischen Landes-Sportverband verdeutlicht dieses Bestreben. Darin wird vereinbart, dass im Ganztag Angebote aus den Bereichen Musik und Sport eine besondere Berücksichtigung erfahren sollen, um möglichst allen Schülerinnen und Schülern die Entdeckung, Erfahrung und Entfaltung ihrer musischen, sportlichen und motorischen Fähigkeiten zu ermöglichen.[8]

Dennoch wird diese Kooperationsform in verschiedenen Bundesländern bisher nur selten umgesetzt. Der Sportentwicklungsbericht 2009/2010 offenbart, dass in Bayern beispielsweise lediglich 20,3 Prozent der Vereine bei der Angebotserstellung mit Schulen kooperieren. In keinem anderen Bundesland finden zu diesem Zeitpunkt weniger Kooperationen bei der Angebotserstellung statt[9].

Aus dieser Problemstellung leitet sich die Zielstellung der Arbeit ab. Es gilt, Problematik und Hemmnisse bei der Realisierung von Ganztagsschulprojekten in Bayern aus Sicht von Sportvereinen zu identifizieren, um Hilfestellungen für das Vorantreiben der Entwicklung auf diesem Gebiet ableiten zu können.

1.2 Aufbau und Abgrenzung der Arbeit

Nach einem Überblick über den aktuellen Entwicklungsstand von Ganztagsschulen in Deutschland wird mithilfe einer Marktanalyse speziell auf die aktuelle Situation in Bayern eingegangen. Hierbei soll aufgezeigt werden, welche Besonderheiten am Ganztagsschulmarkt in Bayern vorliegen, welche Akteure dabei agieren und welches

---

[7] Schmidt (2008), S. 332
[8] Bayerisches Staatsministerium für Unterricht und Kultus, Bayerischer Landes-Sportverband und Bayerischer Musikrat (2005)
[9] Vgl. Breuer und Wicker (2010b), S. 3

Potenzial in diesem noch jungen Markt steckt. Darüber hinaus wird für Sportvereine die Unique-Selling-Proposition (USP), also das marktspezifische Alleinstellungsmerkmal, von erfolgreichen Kooperationen zwischen Schule und Sportverein herausgearbeitet.

Im Rahmen einer quantitativen Befragung von Akteuren der Branche werden anschließend konkret in der Praxis auftretende Problematiken und Hemmnisse identifiziert und beleuchtet.

Die Arbeit des Idealvereins für Sportkommunikation und Bildung e.V. (ISB), eines kleinen, als Pionier auf diesem Gebiet einzustufenden Sportvereins in Bayern soll aufgrund seiner mehrjährigen Erfahrung im Ganztagsschulbetrieb im darauf folgenden Kapitel als Best-Practice-Beispiel für die Realisierung von Kooperationen zwischen Schulen und Sportvereinen im Rahmen von Ganztagsschulangeboten fungieren. Durch die Genese des Kooperationskonzeptes des ISB wird exemplarisch beschrieben, wie bewegungsorientierte Ganztagskooperationen in organisationaler Hinsicht zuverlässig, zielgerichtet und wirksam gestaltet sein können.

Im siebten Kapitel werden Handlungsempfehlungen gegeben, welche möglicherweise zu einem Abbau der zuvor identifizierten Hemmnisse einer derartigen Kooperation führen können, ehe im letzten Kapitel die Arbeit mit einem Ausblick abgeschlossen wird.

Die Arbeit soll kein Leitfaden für die inhaltliche oder pädagogische Ausgestaltung von Ganztagsschulen sein, sondern lediglich strukturelle, personelle und monetäre Herausforderungen herausarbeiten.

2 Ganztagsschulen in Deutschland: Entwicklung und Ist-Situation

Im 19. Jahrhundert gilt ganztägiger Unterricht als Normalform der Schule und ist in Deutschland flächendeckend verbreitet. Der Unterricht ist angelehnt an den allgemeinen Ablauf des Arbeitstages verteilt auf Vor- und Nachmittag und zielt vornehmlich auf die kognitive Förderung der Schüler.[10] Ende des 19. Jahrhunderts findet eine Entwicklung hin zum Vormittagsunterricht statt. Diese Entwicklung ist vor allem auf knappe Ressourcen, also insbesondere „kleine Klassenräume, zu hohe Klassenfrequenzen oder eine zu geringe Lehrerzahl"[11] zurückzuführen. Zunächst wird die Unterrichtszeit jeweils auf eine halbe Einheit am Vor- und Nachmittag unterteilt, um altersbezogenen Lerngruppen im Schichtbetrieb den Unterricht zu ermöglichen, ehe anschließend aus dieser Notlage heraus halbtägig organisierte Teilzeitschulen entstanden sind.[12] Die Einführung der Halbtagesschule war demnach lediglich vorübergehend aufgrund gesellschaftlicher und ressourcenbezogener Problemstellungen geplant.

Etwa zur gleichen Zeit Ende des 19. Jahrhunderts setzt sich eine reformpädagogische Bewegung, im Wissen über die Vorteilhaftigkeit von Ganztagsschulen aus pädagogischer Sicht, für ganztätigen Unterricht ein. Dabei geht es nicht vornehmlich um eine Professionalisierung des Unterrichts, sondern insbesondere auch um Persönlichkeitsentwicklung und eine ganzheitliche Förderung der Schüler. Die durch Hermann Lietz zu dieser Zeit geprägten Landerziehungsheime gelten heute als einer der ersten Vorreiter der modernen Ganztagsschule; daneben wird noch eine Vielzahl weiterer Modelle entwickelt. Mit dem Ausbruch des Ersten und Zweiten Weltkrieges wird die Weiterentwicklung dieser Schulformen jedoch jeweils gestoppt. Die zwischen den Weltkriegen stattfindende Entwicklung prägt aber viele pädagogische Elemente der heutigen Ganztagsschule wesentlich. Auf diese Zeit sind unter anderem gemeinsame Mittagsmahlzeiten, Freizeitangebote, Förderunterricht oder auch enge Kooperationen mit Eltern zurückzuführen.[13] Nach Ende des Zweiten Weltkriegs werden die reformpädagogischen Konzepte wieder aufgegriffen, um unter anderem den Wiederaufbau des deutschen

---

[10] Vgl. Ludwig (2003), S. 26
[11] Holtkemper (1967), S. 3
[12] Vgl. Dollinger (2011), S. 40
[13] Vgl. Ludwig (2003), S.36

Bildungswesens voranzutreiben[14] und einen Beitrag zur Verbesserung oftmals verheerender sozialer und ökonomischer Umstände zu leisten[15].

Über den verstärkten Ausbau der Ganztagsschulen in Deutschland wird demnach nicht erst seit der Veröffentlichung der Ergebnisse der PISA-Studie diskutiert. 1973 fordert auch die Bund-Länder Kommission eine Ausweitung ganztägiger Angebote an Schulen[16]. Die dort angesetzten Zielwerte für das Jahr 1985 können jedoch erst im Schuljahr 2005/06 in drei Bundesländern erstmalig erreicht werden. In Berlin, Sachsen und Thüringen nehmen zu diesem Zeitpunkt mehr als zwei Drittel aller Schüler an Ganztagsschulangeboten teil[17].

Diese Entwicklung der letzten Jahre ist nicht zuletzt auf das IZBB der Bundesregierung aus dem Jahr 2003 zurückzuführen, welches zu einem rasanten Anstieg der Anzahl an Ganztagsschulen führt. Vor dem Hintergrund dieser grundlegenden Änderungen im Schulsystem wird seit dem Jahr 2005 die bundesweite „Studie zur Entwicklung von Ganztagsschulen" (StEG) durchgeführt, mit der Zielsetzung, Arbeit und Rahmenbedingungen an Ganztagsschulen in Deutschland über einen längeren Zeitraum hinweg abzubilden[18]. Im Rahmen dieser von der Bundesregierung geförderten Studie wird ermittelt, dass in den Jahren von 2002 bis 2005 der Anteil an im Ganztag tätigen Verwaltungseinheiten[19] von 16,3 auf 28,3 Prozent steigt[20]. Auch in den darauf folgenden Jahren bleibt die hohe Dynamik der Entwicklung aufrecht erhalten. Im Schuljahr 2012/13 liegt dieser Anteil bereits bei bundesweit 55,9 Prozent[21].

Aufbauend auf der durch das IZBB gelegten Grundlage entwickeln die Bundesländer vielfältige Organisationsmodelle für Ganztagsangebote mit unterschiedlichen, länderspezifischen Schwerpunkten auf bestimmten Schulformen, wie in der folgenden Tabelle dargestellt wird.

---

[14] Vgl. Bungenstab (1970), S. 18 ff.
[15] Vgl. Gather (1964), S. 26
[16] Vgl. Bund-Länder Kommission für Bildungsplanung (1973)
[17] Vgl. Quellenberg (2008) S. 21
[18] Vgl. Studie zur Entwicklung von Ganztagsschulen (o.D.)
[19] Der Begriff Verwaltungseinheit bezieht sich auf die organisatorische Einheit von Schule – Schulzentren, die Schulen mehrerer Schularten umfassen, werden hier als eine Einheit ausgewiesen (Quellenberg (2008), S.15f.)
[20] Vgl. Quellenberg (2008), S. 16; dies entspricht einer Steigerung von 4.951 auf insgesamt 8.226 Verwaltungseinheiten mit Ganztagsbetrieb
[21] Klemm (2014), S.13

Prozentwerte	Grundschule	Haupt-schule	Schulart mit mehreren Bildungs-gängen	Real-schule	Gymnasium	Integrierte Gesamt-schule
Baden-Württemberg	1,6	17,3	x	4,5	15,2	100,0
Bayern	10,2	16,7	x	24,6	27,2	100,0
Berlin	98,9	1,7	x	5,0	4,3	93,4
Brandenburg	18,7	x	x	13,9	16,5	43,7
Bremen	13,6	21,6	33,3	21,1	15,6	38,9
Hamburg	8,8	18,5	35,7	14,8	93,6	36,8
Hessen	6,8	44,8	x	44,7	38,1	76,7
Mecklenburg-Vorpommern	8,6	/	54,2	/	55,0	66,7
Niedersachsen	2,8	41,5	/	31,8	29,8	82,4
Nordrhein-Westfalen	35,9	20,2	x	4,0	4,3	96,8
Rheinland-Pfalz	14,2	43,7	35,7	22,2	19,9	47,4
Saarland	67,5	/	67,3	/	71,4	93,3
Sachsen	95,3	x	30,2	x	41,8	x
Sachsen-Anhalt	5,2	x	21,3	x	16,3	75,0
Schleswig-Holstein	15,3	30,2	x	22,7	28,3	83,3
Thüringen	97,9	x	27,8	x	19,2	71,4
Insgesamt	23,3	23,1	34,7	17,9	23,4	73,1

Tabelle 1: Anteil der Ganztagsschulen an jeweils allen Schulen nach Schularten 2005 (x= Schulart nicht vorhanden; /=keine Angabe) (Quelle: Quellenberg, 2008, S.19)

Die Tabelle zeigt beträchtliche Unterschiede in der Verbreitung der Ganztagsschulen nicht nur zwischen Bundesländern, sondern auch innerhalb der Bundesländer in Bezug auf die verschiedenen Schularten. So liegt beispielsweise in Baden-Württemberg der durchschnittliche Anteil der Ganztagsschulen an Grund-, Haupt-, Realschulen und Gymnasien lediglich bei 9,65 Prozent, im Saarland jedoch bei 68,73 Prozent. Besonders in Berlin werden länderspezifische Schwerpunkte deutlich: an nahezu 100 Prozent der Grundschulen sind Ganztagsschulen eingerichtet, an Haupt-, Realschulen und Gymnasien in diesem Bundesland jedoch maximal zu 5 Prozent. Eine der zentralen Erkenntnisse ist an dieser Stelle eine sehr „hohe Diversität im schulartspezifischen Versorgungsgrad in den einzelnen Bundesländern"[22].

Zurückzuführen sind diese Ungleichheiten auf die Tatsache, dass Schulpolitik in erster Linie Aufgabe der Länder ist. Dies führt im Sinne des Föderalismus neben einem unterschiedlichen Ausbaustatus auch zu vielfältigen Organisationsmodellen, welche sich von Bundesland zu Bundesland unterscheiden. Übergreifend lässt sich sagen, dass der Ganztagsbetrieb mit freiwilliger Teilnahme die Organisationsform darstellt, welche gegenüber gebundenen Ganztagsmodellen mit verpflichtender Teilnahme in quantitativer Hinsicht dominiert[23].

Eine im Rahmen der StEG durchgeführte Schulleiterbefragung im Jahr 2012 zeigt auf, dass in den letzten Jahren vor allem bei Grundschulen eine steigenden Nachfrage nach ganztägiger Betreuung verzeichnet werden kann. 28 Prozent der Primarschulen sind sogar nicht in der Lage, die Bedarfe zu decken. An den weiterführenden Schulen wird von einer gleichbleibenden Nachfrage berichtet. Insgesamt bemisst sich der Anteil an Ganztagsschülern zwischen 49,7 Prozent an Gymnasien und 57,2 Prozent an Grundschulen, wobei Ost-Flächenländer wesentlich höhere Quoten aufweisen als West-Flächenländer.[24] 2005 liegt die Teilnahmequote in ganz Deutschland noch bei durchschnittlich 15,2 Prozent[25].

Bei durchschnittlich rund 85 Prozent der Ganztagsschulen erfolgt die Angebotserstellung in Kooperation mit außerschulischen Partnern. Dabei stellen Kooperationspartner aus dem Bereich des Sports die bundesweit dominierende Anbieterart dar.

---

[22] Quellenberg (2008), S. 18
[23] Vgl. StEG (2013), S. 23
[24] Vgl. StEG (2013), S. 73
[25] Vgl. Quellenberg (2008), S. 21

Rund 70 Prozent der Schulen kooperieren mit Sportvereinen, -schulen oder -verbänden. Daneben werden auch Kooperationen mit Akteuren aus den Bereichen Musik, Kunst, Religion und Kultur häufig realisiert.[26]

---

[26] Vgl. StEG (2013), S. 31

3 Methodik

Bevor im Folgenden eine Analyse des bayerischen Ganztagsschulmarktes und die Identifikation von Problematik und Hemmnissen bei der Realisierung von Ganztagsangeboten durch Sportvereine erfolgen, wird zunächst die angewendete Methodik beschrieben.

3.1 Methoden der Marktforschung

Die Datenerhebung zur Gewinnung von Informationen erfolgt in der Marktforschung vorwiegend mit Hilfe zweier grundlegender Methoden, der Primärforschung und der Sekundärforschung. Unabhängig von der Methode gilt die Sicherstellung der Reliabilität, der Objektivität und der Validität als Grundvoraussetzung für eine hohe Qualität der zu beschaffenden Daten.[27] Des Weiteren ist auf Aktualität, Vollständigkeit und Vergleichbarkeit der Informationen sowie auf Wirtschaftlichkeit bei der Auswahl der Methoden zu achten.

Für die Primär-Marktforschung werden Informationen eigenständig und speziell für einen bestimmten Marktforschungszweck erhoben und ausgewertet. Diese Art der Erhebung kann mit Hilfe von unterschiedlichen Methoden der empirischen Sozialforschung, insbesondere Befragungen, Beobachtungen oder Tests, durchgeführt werden.[28] Die am häufigsten verwendete Form stellt dabei die quantitative Befragung dar. Mittels standardisierter Fragebögen mit großem Stichprobeumfang wird eine sinnvolle statistische Auswertung einer solchen Befragung ermöglicht. Dagegen befasst sich die Sekundärforschung mit der Zusammenstellung, Analyse und Auswertung von bereits vorhandenem Material, welches ursprünglich für anderweitige Marktforschungszwecke beschafft worden ist. Sie dient insbesondere der Ökonomisierung der Forschungsarbeit und der Beschaffung von Basisinformationen, um die Einarbeitung in eine bestimmte Problemstellung zu erleichtern.[29]

Oft wird die Methode der Sekundärforschung gegenüber der Primärforschung aufgrund des deutlich geringeren Aufwandes und der daraus resultierenden Zeit- und

---
[27] Vgl. Weis und Steinmetz (2002), S. 28
[28] Vgl. Ehrmann (1995), S. 127
[29] Vgl. Meffert et al. (2012), S. 156

Kostenersparnisse bevorzugt. Jedoch muss bei der Sekundär-Marktforschung unter Umständen mit Qualitätsproblemen im Hinblick auf Ungenauigkeit und geringe Aktualität der Daten gerechnet werden. Auch können Daten für die eigenen Zwecke nicht ausreichend detailliert sein. In der Regel wird die Methode der Primärforschung dann herangezogen, wenn Entscheidungen auf Basis der Sekundärforschung nicht ausreichend fundiert getroffen werden können.[30] Um eine ganzheitliche Informationsbeschaffung im Rahmen der Analyse des Zielmarktes sicherzustellen, ist meist eine Kombination aus Primär- und Sekundärmarktforschung sinnvoll.

Eine Kombination aus beiden Methoden wird daher auch im Rahmen dieser wissenschaftlichen Arbeit angewendet. Die Ergebnisse der bundesweiten Studie zur Entwicklung von Ganztagsschulen (StEG) beispielsweise liefern wichtige Informationen über den Entwicklungsstand von Ganztagsschulen in ganz Deutschland. Für den Untersuchungsgegenstand dieser Arbeit sind diese Ergebnisse jedoch zu unspezifisch, weshalb zusätzlich im Sinne einer Primärerhebung eine quantitative elektronische Erhebung unter Schulleitern von Grund-, Mittel- und Förderschulen sowie Vertretern von Sportvereinen in Bayern durchgeführt wird.

3.2 Methodische Vorgehensweise bei der Primärforschung

Eine quantitative Befragung mittels eines elektronischen Fragebogens unter Schulleitern und Sportvereinsvertretern in Bayern soll die Marktsituation auf dem Ganztagsschulmarkt an sich und die Hintergründe dazu näher beleuchten sowie Problematik und Hemmnisse bei der Realisierung von Ganztagsangeboten seitens der Sportvereinsvertreter identifizieren.

Die Absicht, eine Vollerhebung durch Versenden des Fragebogens über einen E-Mail-Verteiler des Bayerischen Landes-Sportverbandes sowie des Bayerischen Staatsministeriums für Unterricht und Kultus durchzuführen, lässt sich aufgrund der langen Bearbeitungsfristen derartiger Anfragen beim Ministerium im zur Verfügung stehenden Bearbeitungszeitraum der vorliegenden Arbeit nicht vollziehen, was dazu führt, dass eine Stichprobe Kontaktdaten von Schulen und Sportvereinen eigenständig recherchiert werden muss, was in beachtlichem Umfang gelingt. Die Schulleiter-

---

[30] Vgl. ebd.

befragung beschränkt sich auf Grund-, Mittel- und Förderschulen. Über einen Verteiler der Bayerischen Sportjugend im BLSV kann der Fragebogen zusätzlich an alle Sportvereine, welche Freiwilligendienstleistende im sozialen Jahr beschäftigen, versendet werden.

Eine Befragung der Grundgesamtheit ist im vorliegenden Fall somit in erster Linie aus Zeitgründen nicht möglich. Überdies ist jeweils ein Anteil der Grundgesamtheit aller Sportvereine und Schulen mit einer Online-Umfrage nicht zu erreichen, nicht immer sind E-Mail-Adressen vorhanden. Dadurch ist eine Vollerhebung mittels Onlinefragebogen nicht möglich.[31] Die Befragung richtet sich daher an Stichproben aus der jeweiligen Grundgesamtheit.

Die Zusammenstellung der Stichproben erfolgt jeweils in geschichteter Zufallsauswahl, was bedeutet, dass die Grundgesamtheit zunächst jeweils in verschiedene Teile, sogenannte Schichten, unterteilt wird und anschließend Elemente aus jeder Schicht für die Stichprobe ausgewählt werden[32]. Die Unterteilung in Schichten bei Sportvereinen erfolgt nach Städten und Landkreisen, bei Schulen nach Regierungsbezirken.

Für die Befragung wurde an eine Stichprobe von jeweils rund 1.000 Sportvereinsvertretern sowie Grund-, Mittel- und Förderschulen ein Online-Fragebogen elektronisch versendet[33]. Die Grundgesamtheit umfasst dabei die rund 12.000 Sportvereine[34] und die rund 4.500[35] für Ganztagsangebote in Frage kommenden Schulen in Bayern. Die Umfrage wurde von insgesamt 117 Sportvereinsvertretern ($n_{Sportvereine}$=117) sowie 139 Schulleitern ($n_{Schulleiter}$=139) beantwortet. Die Rücklaufquote beträgt somit 11,7 Prozent bei Sportvereinen und 13,9 Prozent bei Schulen.

Teilerhebungen haben den Nachteil, dass die Informationen, welche aus der Stichprobe gewonnen werden, stets Fehler enthalten, da nicht die Meinungen und Einschätzungen der gesamten Grundgesamtheit wiedergegeben werden können. Derartige Fehler können jedoch aufgrund der Vorteilhaftigkeit von Stichprobenzie-

---

[31] Bei Sportvereinen tritt dieses Problem wesentlich häufiger auf, als bei Schulen. Zurückzuführen ist dies wohl auf die meist ehrenamtlichen Strukturen in Sportvereinen, welche zudem häufig von älteren, wenig internetaffinen Personen geleitet werden.
[32] Vgl. Hudec und Neumann (o.D.), S. 13
[33] Siehe Anhang 1: Fragebogen für Sportvereine sowie Anhang 2: Fragebogen für Schulleiter
[34] Vgl. Statista (o.D.)
[35] Bayerisches Staatsministerium für Unterricht und Kultus, Wissenschaft und Kunst (2014): Schulsuche

hungen in Kauf genommen werden.[36] Der Stichprobenfehler der vorliegenden Befragung liegt wohl vor allem darin, dass die Befragung unter Sportvereinen zu großen Teilen von Vertretern von Sportvereinen beantwortet wird, die sich bereits in hohem Maße engagieren. Anzunehmen ist, dass in geringem Maße engagierte, ehrenamtlich tätige Vertreter wohl auch in geringerem Ausmaß bereit sein dürften, an derartigen Befragungen teilzunehmen, und die Ergebnisse somit die Verhältnisse wohl eher optimistischer abzeichnen dürften, als sie es tatsächlich sind.

Da auf dem Gebiet der Ganztagskooperationen zwischen Schulen und Sportvereinen in Bayern bisher kaum detaillierte Forschungsergebnisse vorliegen, gilt es mittels Befragungen von Schulleitern und Sportvereinsvertretern auf diesem Gebiet exploratorisch zu wirken und Ansatzpunkte für weitergehende Forschungsfragen zu identifizieren.

Die Erstellung des Fragebogens erfolgt basierend auf Erfahrungswerten, welche im Zuge langjähriger Tätigkeit am Ganztagsschulmarkt gesammelt wurden, ergänzt von im Rahmen der Erstellung dieser wissenschaftlichen Arbeit gewonnenen Rechercheergebnissen aus Sekundärquellen. Beide Fragebögen gliedern sich in vier Teile: Zunächst werden demographische Daten abgefragt (beispielsweise Anzahl der Mitglieder). So werden Kriterien geschaffen, welche im Rahmen der Auswertung zur Clusterbildung dienen. Die Fragen des zweiten Teils liefern Ergebnisse für die Marktanalyse, ehe im dritten Teil Einschätzungen beispielsweise im Hinblick auf Chancen und Risiken abgefragt werden. Abgeschlossen wird die Befragung mit Fragen nach Bedarfen und gewünschten Hilfestellungen für ein Beratungsangebot.

Die vollständigen Ergebnisse der Befragungen befinden sich im Anhang[37].

---

[36] Vgl. Hudec und Neumann (o.D.), S. 10
[37] Anhang 3: Ergebnisse der Befragung der Sportvereinsvertreter sowie Anhang 4: Ergebnisse der Befragung der Schulleiter

4 Analyse des Ganztagsschulmarktes in Bayern

4.1 Einordnung, Definition und Zweck einer Marktanalyse

Informationen über Strukturen, Besonderheiten und Gefahren eines Marktes zu kennen ist für Unternehmen und Organisationen zur Strategieentwicklung und Entscheidungsfindung immens wichtig. Dies trifft auf For-Profit-Unternehmen ebenso zu, wie auf Non-Profit-Organisationen. Aus diesem Grund erfolgt im Folgenden eine Analyse des Ganztagsschulmarktes in Bayern. Bei der Marktanalyse sollen Rahmenbedingungen, Problemstellungen und Entwicklungspotenzial aufgezeigt werden. Wie sich zeigen wird, liegt auf dem Ganztagsschulmarkt eine außergewöhnliche Marktsituation mit besonderen Mechanismen vor.

Zur Untersuchung eines Marktes existieren unterschiedliche Methoden:

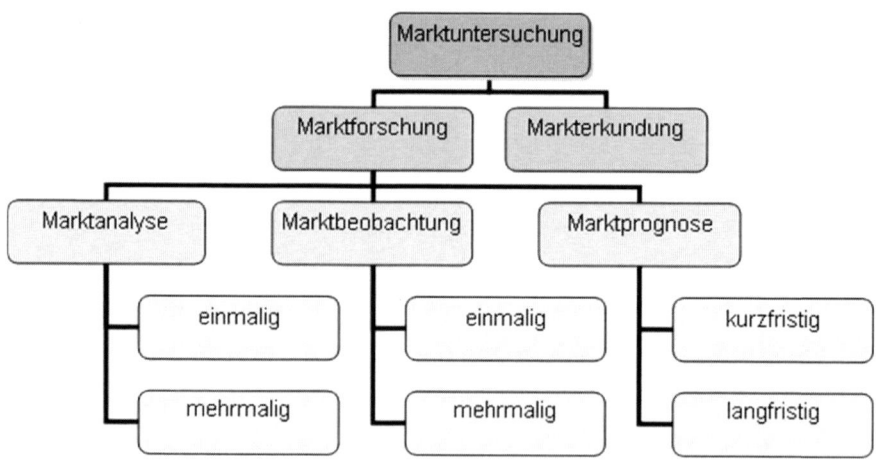

Abbildung 1: Bereiche der Marktuntersuchung (Quelle: Weis und Steinmetz (2002) S.21)

Während man unter Marktforschung die systematische und zielbewusste Untersuchung eines Marktes zur Beschaffung von Informationen über den Absatz- und/oder den Beschaffungsmarkt versteht[38], bezeichnet man die Markterkundung „überwiegend [als] ein mehr zufälliges und gelegentliches Untersuchen eines Marktes"[39].

---

[38] Vgl. Weis und Steinmetz (2002), S. 15
[39] Weis und Steinmetz (2002), S. 21

Marktforschung gliedert sich wiederum in drei Methoden auf: Marktanalyse, Marktbeobachtung und Marktprognose. Marktanalyse bedeutet dabei, „eine Strukturuntersuchung (Zustandsschilderung) des jeweiligen Marktes zu einem bestimmten Zeitpunkt"[40] durchzuführen. Eine systematische, wissenschaftlich fundierte und planvolle Vorgehensweise ist hierbei, wie auch bei den anderen beiden Methoden aus dem Bereich der Marktforschung, essentiell[41]. Als eine Weiterführung der Marktanalyse versteht man die Marktbeobachtung, welche das Ziel verfolgt, anhand einer Kette von Marktanalysen die Strukturveränderungen und ihre möglichen Ursachen über einen längeren Zeitraum hinweg zu verfolgen. Aufbauend auf den Ergebnissen der Marktbeobachtung werden in der Regel Marktprognosen durchgeführt, welche der „bewußten und zielgerichteten Vorhersage[...] [von] zukünftige[n] Marktgegebenheiten"[42] dienen. Im Rahmen dieser Arbeit wird nur der erste Schritt der Informationsbeschaffung im Bereich der Marktforschung, die Marktanalyse, durchgeführt. Die Erarbeitung von Marktbeobachtung und Marktprognose erfolgt nicht.

Die Marktanalyse liefert strategisch relevante Informationen in systematisierter und aufbereiteter Form, um zum Branchenverständnis beizutragen und gleichzeitig ein marktorientiertes Problembewusstsein herzustellen[43]. Sie liefert Aufschluss über die Segmentierung des Marktes, der Marktstruktur hinsichtlich Wettbewerber und Stakeholder und über das Marktpotenzial. Im Zuge der Wettbewerberanalyse erfolgt ergänzend die Herausarbeitung der Unique-Selling-Proposition (USP) von Ganztagsschulen unter Trägerschaft von Sportvereinen. Dabei sollen Alleinstellungsmerkmale und der nachhaltige Nutzen dieser Kooperationsform hervorgehoben werden.

4.2 Bestandteile der Marktanalyse

Aufgrund variierender Verwendungszwecke und Zielstellungen von Marktanalysen ist eine individuelle Anpassung von Inhalt, Methoden und Ressourcen bei der Untersuchung zwingend notwendig und zentraler Erfolgsfaktor der Analyse. Die inhaltliche Ausgestaltung richtet sich dabei an im Vorfeld festgelegte Themenbereiche, welche

---

[40] Hammann und Erichson (2000), S. 32
[41] Vgl. Weis und Steinmetz (2002), S. 21
[42] Ehrmann (1995), S.126
[43] Vgl. Meyer (2009)

im Zuge der Marktanalyse untersucht werden sollen. In der vorliegenden Arbeit erfolgt eine Anpassung der Analysemethoden auf den non-profit-orientierten Ganztagsschulmarkt[44] in Bayern. Für eine ganzheitliche Abdeckung des Themenkomplexes empfiehlt sich hier vor der Durchführung der Marktanalyse zunächst eine Betrachtung der Umwelt speziell in Bezug auf politisch-rechtliche und demographische Rahmenbedingungen sowie gesellschaftliche Trends. In Anlehnung an Michael E. Porters Methoden zur Analyse von Branchen und Konkurrenten[45] ergeben sich dann die Inhaltsdimensionen der anschließend folgenden Marktanalyse (siehe Abbildung 2). Die Ausgestaltung der Inhaltsbausteine der einzelnen Dimensionen ist dabei nicht vorgegeben und kann je nach Anforderung gestaltet und angepasst werden.

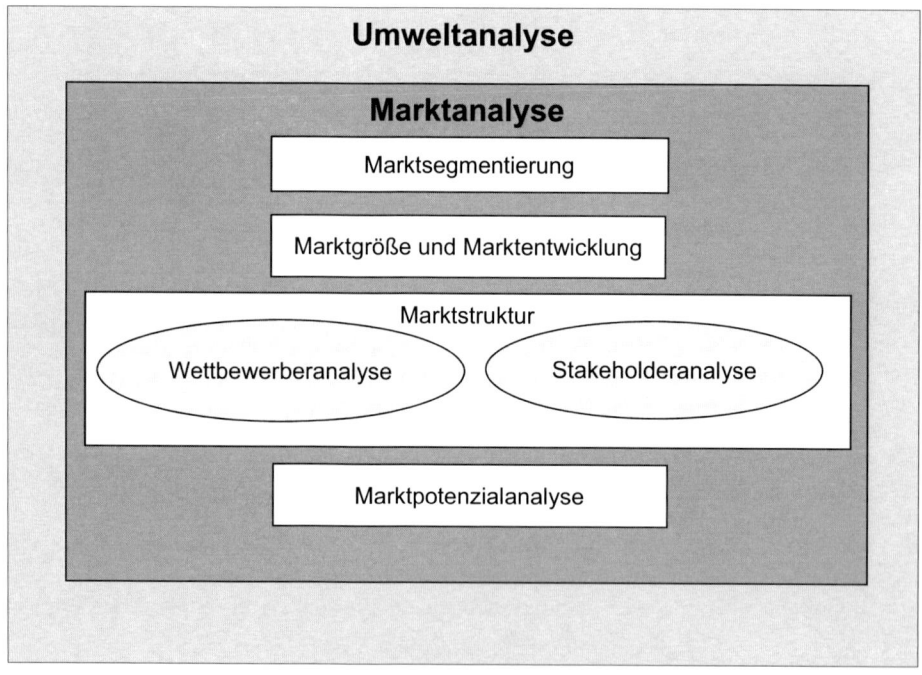

Abbildung 2: Inhaltsdimensionen der Marktanalyse (Quelle: eigene Darstellung)

---

[44] Vgl. Bayerisches Staatsministerium für Unterricht und Kultus (2013a) und (2013b)
[45] Vgl. Porter (2013)

4.3 Theoretischer Hintergrund: Das Viabilitätsmodell

Genauso, wie alle Organisationen müssen auch gemeinwohlorientierte Sportorganisationen den Zufluss von Ressourcen sicherstellen, um die eigene Überlebensfähigkeit zu gewährleisten. *Breuer* stellt die Zusammenhänge zwischen der Organisation, hier dem System, und den Ressourcengebern im sogenannten *Viabilitätsmodell von Organisationen*[46] dar:

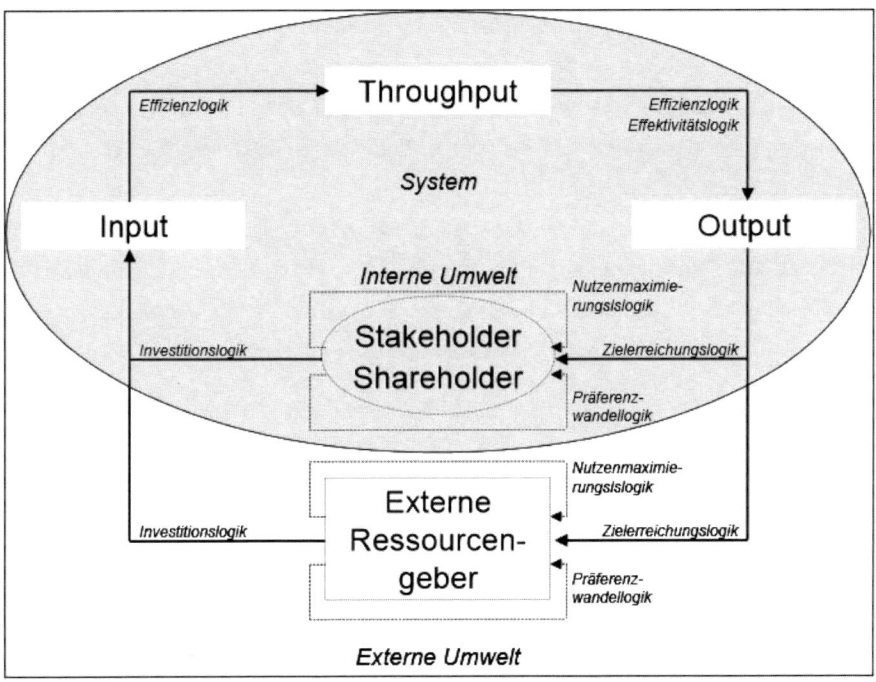

Abbildung 3: Viabilitätsmodell von Organisationen (Quelle: Breuer (2002), S. 13)

Er unterscheidet dabei zwischen Ressourcengebern aus externer und interner Umwelt des Systems. Zu organisationsinternen Ressourcengebern zählen zum einen Stakeholder, beispielsweise Mitarbeiter, zum anderen Shareholder, also Mitglieder oder Träger von Sportorganisationen; externe Ressourcengeber sind beispielsweise Staat oder Kommunen. Diese Akteure stellen der Organisation Ressourcen, also Input, zur Verfügung – jedoch in Erwartung einer (monetär messbaren) Gegenleis-

---

[46] Vgl. Breuer (2002), S. 12 ff.

tung. Gleichzeitig wird im Gegenzug auch die Erreichung eines bestimmten Ziels erwartet, von dem der Ressourcengeber profitieren kann. So könnte der Staat finanzielle Fördermittel in das System leiten, dafür als Gegenleistung aber einen Beitrag zur Lösung gesellschaftlicher Problemstellungen fordern, wie es bei Kooperationspartnern von Ganztagsschulen der Fall ist. Ein weiteres Beispiel stellen hauptamtliche Mitarbeiter dar; diese erwarten als Ausgleich für ihre geleistete Arbeit ein festgelegtes Entgelt.

Gefährdet werden kann der Zufluss an Ressourcen in das System aufgrund der Nutzenmaximierungslogik[47] des Ressourcengebers dann, wenn dessen Erwartungen nicht in ausreichendem Maße erfüllt werden. Stehen weitere Investitionsobjekte zur Verfügung, von denen sich der Ressourcengeber einen größeren Nutzen verspricht, ist die Wahrscheinlichkeit groß, dass dieser sich vom System abwendet. Aus ökonomischer Perspektive betrachtet bedeutet dies aus Sicht des Systems, dass der Nutzen für den Ressourcengeber höher sein muss, als die zu investierenden Kosten. Organisationen können demnach nur so lange existieren, wie sie genügend Anreize für Investitionen durch Externe bieten können.

Gleichzeit verändern sich aber auch Prioritäten und Interessen der Ressourcengeber und somit die Ziele, die mit Hilfe ihres Inputs erreicht werden sollen. Aus diesem Grund stehen gemeinwohlorientierte Systeme aus dem Sport ständig vor der Herausforderung, ihren Output an die sich verändernden Rahmenbedingungen anzupassen, um den Ressourcenzufluss zu sichern. Ein Beispiel für einen solchen Präferenzwandel stellt der seit einigen Jahren seitens des Kultusministeriums angestrebte verstärkte Ausbau von Ganztagsschulen in Kooperation mit Sportvereinen in Bayern dar. Um durch Anpassung an gesellschaftliche Veränderungen zur Zukunftsfähigkeit des Vereins beizutragen und hierfür staatliche Ressourcen zu erhalten, müssen sich Sportorganisationen mit derartigen Kooperationsformen auseinandersetzen und ihr Angebotsspektrum gegebenenfalls erweitern.

Der soziale Wandel bewirkt im organisierten Sport eine zunehmende Instabilität der Beziehungen zwischen Organisationen und Ressourcengebern beider Ebenen. Auf der einen Seite verändern sich Mitgliedschaften mehr und mehr hin zu einer kriti-

---

[47] Vgl. Esser (1993), S. 237 ff.

schen und instabilen Ressource in Sportorganisationen. Diese Entwicklung ist zurückzuführen auf eine sich verändernde Nachfrage nach Sport und Bewegung, eine abnehmende Bindung an Sportvereine und den demographischen Wandel. Insbesondere gravierende Nachwuchsprobleme stellen Sportvereine mehr und mehr vor große Herausforderungen.[48] Zur gleichen Zeit entwickeln sich auch externe Ressourcen aufgrund von Finanzknappheit, gestiegener Effizienz- und Effektivitätsorientierung der öffentlichen Hand sowie Sparmaßnahmen der Wirtschaft zunehmend zu einem kritischen und instabilen Faktor.[49] Dies führt dazu, dass von Seiten der öffentlichen Verwaltung neue Steuerungsinstrumente und Kriterien entwickelt werden, „mit denen die Austauschbeziehungen zwischen den öffentlichen Verwaltungen und dem ‚Dritten Sektor' problem- und effizienzorientierter betrachtet und präziser erfasst (‚gemessen') werden"[50]. Fehlt nun die Fähigkeit oder Bereitschaft, solche höheren Anforderungen zu erfüllen, droht ein Wegfall finanzieller Investitionen der externen Ressourcengeber. *Breuer* fordert aus diesem Grund eine Umstellung von einer traditions- und erfahrungsbasierten Steuerung von gemeinwohlorientierten Sportorganisationen auf eine in stärkerem Maße wissensbasierte Steuerung, um diesen Entwicklungen entgegenzuwirken. Demnach ist Wissen „in Zeiten dynamischer Umbrüche […] das wohl funktionalste Steuerungsmedium, um Außen- wie Binnenbeziehungen stets aufs Neue zu justieren"[51]. Die folgende Marktanalyse hat zum Ziel, insbesondere Ziele und Erwartungen der externen Akteure herauszuarbeiten und das dadurch generierte Wissen näher zu untersuchen, um am Ende aufzeigen zu können, wie Kooperationen wirkungsvoll gestaltet werden können und weshalb Ganztagsschulen nicht nur Bedrohung sondern vielmehr auch eine Chance für Sportvereine darstellen können.

---

[48] Opaschowski, Pries und Reinhardt (2006), S. 225
[49] Vgl. Breuer und Wicker (2010a), S. 44
[50] Breuer und Wicker (2010a), S. 44
[51] Breuer und Wicker (2010a), S. 45

4.4 Durchführung der Marktanalyse

4.4.1 Umweltanalyse

Märkte sind Bestandteil der Mikroumwelt von Unternehmen und Organisationen. Diese Mikroumwelt liegt systemtheoretischer Ansätze zufolge eingebettet in ein übergeordnetes System, der sogenannten Makroumwelt, welche sich in folgende unterschiedliche Sphären aufgliedert:[52]

Ökonomische Umwelt	Technologische Umwelt	Ökologische Umwelt	Gesellschaftliche Umwelt	Politisch-rechtliche Umwelt

Abbildung 4: Sphären der Makroumwelt (Quelle: Meffert et al. (2012), S. 64 f.)

Stapleton beschreibt diese Sphären in seinem Modell „The three environments"[53] als das *ferne Umfeld* eines Unternehmens. Dieses ferne Umfeld entspricht aus sportwissenschaftlicher Sicht betrachtet in etwa der externen Umwelt mit den externen Ressourcengebern in *Breuers* zuvor beschriebenem Viabilitätsmodell. Die Bereiche sind durch die Organisation nicht beeinfluss- oder kontrollierbar, lediglich durch Lobbyismus könnten unter Umständen Veränderungen erzielt werden.[54] Dennoch ist eine Auseinandersetzung mit den bedeutsamen Aspekten für das eigene Unternehmen im Rahmen einer Marktanalyse sinnvoll, um Strategie und Entscheidungen an Anforderungen und Veränderungen in der Makroumwelt anpassen zu können. Für den Ganztagsschulmarkt sind insbesondere die beiden letztgenannten Sphären relevant, weshalb der Schwerpunkt der folgenden Umweltanalyse auf diesen beiden Punkten liegen wird. Zudem wird im folgenden Abschnitt kurz ergänzend auf die ökonomische Umwelt eingegangen.

Vor dem Hintergrund gesellschaftlicher Trends sowie sozialem und demographischem Wandel in Deutschland werden Ganztagsschulen eine Vielzahl an Funktionen zugeschrieben, um diesen Herausforderungen entgegenzuwirken. So soll zum einen

---

[52] Vgl. Meffert et al. (2012), S. 64 f.
[53] Vgl. Stapleton et al. (2000)
[54] Vgl. Schultz (2010), S. 203

aus familienpolitischer Sicht durch Ganztagsschulen zu einer besseren Vereinbarkeit von Familie und Beruf beigetragen werden, da „veränderte Erwerbs- und Familienstrukturen [...] oft keine verlässliche Betreuung der Kinder [gewährleisten]."[55] Die dahingehende Entwicklung, dass der Anteil an erwerbstätigen Frauen, alleinerziehenden Eltern und beiderseits erwerbstätigen Eltern steigt, sowie der Trend, dass immer weniger Familien mit mehr als zwei Generationen zusammen leben, erfordert, auch aus arbeitsmarktpolitischer Sicht, zunehmend finanzierbare Betreuungsangebote für Kinder.[56]

Eine weitere beobachtbare gesellschaftliche Entwicklung stellt der zunehmende Anteil an Kindern mit Migrationshintergrund und Familien mit sozial schwachem Hintergrund dar. 20 Prozent der deutschen Bevölkerung weisen einen Migrationshintergrund[57] auf[58]. Gleichzeitig ist etwa jeder fünfte Bundesbürger von Armut oder sozialer Ausgrenzung betroffen[59]. Oft geht dies einher mit Ausgrenzung und somit ungleichen Bildungschancen. Von Ganztagsschulen wird eine Kompensation dieser sozialen Schließungsmechanismen durch folge Funktionen erwartet:

- *Erweiterung von Lernzeit und Lernarrangements (fachliche Kompetenzen, Schlüsselkompetenzen, höhere formale Bildungsabschlüsse, erfolgreicher Berufseinstieg etc.)*
- *Individuelle Förderung (differenzierte Lerngelegenheiten, Begabungen ausschöpfen, Kompetenzen steigern, Defizite kompensieren etc.)*
- *Qualifizierte Betreuung (erzieherische Unterstützung für Familien, erweiterte Möglichkeiten für die Erwerbstätigkeit von Eltern etc.)*
- *Sozialisationsraum schaffen (soziale Integration, soziale Verantwortung, demokratische Handlungskompetenz, kulturelle Orientierung, Rollenlernen, Selbstständigkeit etc.)*
- *Verbesserung der sozio-kulturellen Infrastruktur (Lern-, Kultur- und Freizeitangebote, Stichwort „soziale Chancengleichheit")*[60]

---

[55] Holtappels (2003), S. 1
[56] Vgl. Holtappels (2003), S. 1
[57] Zur Bevölkerung mit Migrationshintergrund zählen all diejenigen, die entweder selbst oder deren Eltern nach Deutschland zugewandert sind. (vgl. Destatis)
[58] Destatis (2012)
[59] Destatis (2013)
[60] Rollett (2011)

Darüber hinaus lässt sich im Zuge des verstärkten Ausbaus von Ganztagsschulen mit der rückläufigen Teilnahme an Vereinsangeboten durch Kinder und Jugendliche ein weiterer Trend beobachten. Dies betrifft neben dem Bereich der kulturellen Bildung und der Jugendbildung auch Musikschulen, kirchliche Angebote sowie Sportvereinsangebote[61]. Angebote dieser Bereiche stehen häufig in zeitlicher Konkurrenz mit Ganztagsschulangeboten.[62] Freizeiten von Kindern und Jugendlichen verändern sich durch den Besuch von Ganztagsschulen, was zu einer Einschränkung nachmittäglich ausgeübter Vereinsaktivitäten führen kann. Jedoch ist es nicht Ziel, derartige Aktivitätsbereiche aus Freizeit, Kultur und Sport zugunsten von Schule zu verdrängen, „sondern in bestimmter Weise die Schule unter Einbeziehung außerschulischer Aktivitätsbereiche neu zu erfinden"[63].

Organisationen aus den genannten Bereichen steht die Möglichkeit offen, sich selbst aktiv als Kooperationspartner von Schulen zu engagieren und so die negativen Auswirkungen dieser vermeintlichen Konkurrenz zwischen Schule und Organisation abzufangen.

Ehe für die Analyse der politisch-rechtlichen Umwelt im Folgenden auf Rechte und Pflichten für Träger solcher Kooperationen eingegangen wird, ist zunächst zu klären, was Ganztagsschulen sind und welche Modelle es in Bayern gibt. Die Kultusministerkonferenz der Länder nennt folgende in Deutschland allgemein gültige Definition von Ganztagsschulen:

Ganztagsschulen sind demnach Schulen, bei denen im Primar- und Sekundarbereich I

- *an mindestens drei Tagen in der Woche ein ganztägiges Angebot für die Schülerinnen und Schüler bereitgestellt wird, das täglich mindestens sieben Zeitstunden umfasst,*
- *an allen Tagen des Ganztagsschulbetriebs den teilnehmenden Schülerinnen und Schülern ein Mittagessen bereitgestellt wird,*

---

[61] Vgl. Breuer und Haase (2006)
[62] Vgl. Naul (2011), S. 183
[63] Laging (2013), S. 16

- *die Ganztagsangebote unter der Aufsicht und Verantwortung der Schulleitung organisiert und in enger Kooperation mit der Schulleitung durchgeführt werden sowie in einem konzeptionellen Zusammenhang mit dem Unterricht stehen*[64]

Bezeichnungen der Angebote sowie inhaltliche und organisatorische Gegebenheiten unterscheiden sich in den Ländern. In Bayern gibt es grundsätzlich drei Ganztagsschulmodelle, im Rahmen derer sich externe Kooperationspartner engagieren können: die gebundene Ganztagsschule, die offene Ganztagsschule und die (verlängerte) Mittagsbetreuung.

(1) Die gebundene Ganztagsschule

Unter gebundener Ganztagsschule (Ganztagsklasse) wird verstanden, dass ein durchgehend strukturierter Aufenthalt in der Schule an mindestens 4 Wochentagen von täglich mehr als 7 Zeitstunden bis grundsätzlich 16.00 Uhr für die Schüler verpflichtend ist, die vormittäglichen und nachmittäglichen Aktivitäten der Schüler in einem konzeptionellen Zusammenhang stehen und der Unterricht in einer Ganztagsklasse erteilt wird[65].

(2) Die offene Ganztagsschule

Die offene Ganztagsschule ist ein freiwilliges schulisches Angebot der ganztägigen Förderung und Betreuung von Schülern der Jahrgangsstufen 5 bis 10. Der Unterricht an offenen Ganztagsschulen findet wie gewohnt überwiegend am Vormittag im Klassenverband statt. Diejenigen Schülerinnen und Schüler, deren Eltern dies wünschen, besuchen dann nach dem stundenplanmäßigen Unterricht die jeweiligen Ganztagsangebote. Zur familiengerechten Förderung und Betreuung gehören: Mittagsverpflegung, Hausaufgabenbetreuung und Fördermaßnahmen [sowie ein] Freizeitangebot mit sportlichen, musischen und gestalterischen Aktivitäten.[66]

Hervorzuheben ist, dass in Bayern Schulen als „Gebundene Ganztagsschule" bezeichnet werden, an denen (mindestens) ein Ganztagszug im Sinne der unter (1) genannten Definition eingerichtet ist. Um Eltern eine Wahlfreiheit zu ermöglichen

---

[64] Sekretariat der Ständigen Konferenz der Kultusminister der Länder in der Bundesrepublik Deutschland (2014)
[65] Bayerisches Staatsministerium für Bildung und Kultus, Wissenschaft und Kunst (2014a): Chancengleichheit und Förderung
[66] Bayerisches Staatsministerium für Bildung und Kultus, Wissenschaft und Kunst (2014a): Chancengleichheit und Förderung

existieren an solchen Schulen stets sowohl Ganztags- als auch Halbtagszüge. Im bundesweit üblichen Sprachgebrauch wird dies eigentlich als „teilgebundene Ganztagsschule" bezeichnet. Gebundene und Offene Ganztagsschule gelten sowohl als bildungspolitische, als auch als familien- und sozialpolitische Maßnahme. Daneben gibt es als weiteres Modell die (verlängerte) Mittagsbetreuung, welche schwerpunktmäßig aus familien- und sozialpolitischen Gründen eingeführt wurde.

(3) Mittagsbetreuung

Die Mittagsbetreuung kann als sozial- und freizeitpädagogisch ausgerichtetes Betreuungsangebot im Anschluss an den Vormittagsunterricht bei Bedarf an Grund- und Förderschulen eingerichtet werden. Sie gewährleistet eine verlässliche Betreuung der Kinder nach dem Unterrichtsende bis etwa 14.00 Uhr oder sogar darüber hinaus. Den Schülerinnen und Schülern soll die Gelegenheit geboten werden, sich zu entspannen, allein oder mit anderen zu spielen, kreativ zu sein und soziales Verhalten zu üben. Das Anfertigen von Hausaufgaben ist nicht verpflichtend vorgesehen, kann aber auf freiwilliger Basis zum Betreuungskonzept des jeweiligen Trägers gehören.[67]

Bei der Einführung des Modells im Jahr 1992 ursprünglich als Betreuungsangebot bis 14.00 Uhr gedacht, folgt mit dem Schuljahr 2008/09 mit der sogenannten verlängerten Mittagsbetreuung eine Erweiterung des Angebots mit Betreuungszeiten bis mindestens 15.30 Uhr. Diese kann unter denselben Voraussetzungen wie die Mittagsbetreuung angeboten werden und beinhaltet zusätzlich eine verlässliche Hausaufgabenbetreuung.[68]

Als Kooperationspartner kommen in Bayern grundsätzlich nur Einrichtungen in Frage, welche nicht auf die Erzielung von Gewinnen ausgerichtet sind. Neben öffentlichen Anbietern, wie beispielsweise Gemeinden und Landkreise, können als freie gemeinnützige Träger nichtkommerzielle juristische Personen des öffentlichen oder privaten Rechts sowie sonstige rechtsfähige Organisationen ohne Gewinnerzielungsabsicht Kooperationen mit Schulen aufnehmen[69]. Beispiele für solche Träger

---

[67] Bayerisches Staatsministerium für Bildung und Kultus, Wissenschaft und Kunst (2014b): Kind- und familiengerecht
[68] Vgl. Staatsinstitut für Schulqualität und Bildungsforschung (2010)
[69] Vgl. Bayerisches Ministerium für Unterricht und Kultus (2013a) und (2013b)

sind eingetragene Vereine, Stiftungen, gemeinnützige GmbHs sowie sonstige Organisationen aus den Bereichen Jugendarbeit, Sport, Kultur und Ehrenamt.

Zu den Aufgaben der Kooperationspartner zählen neben der Bereitstellung von qualifiziertem Personal die Betreuung während der je nach Modell festgelegten Betreuungszeiten, das Angebot einer täglichen Mittagsverpflegung und einer verlässlichen Hausaufgabenbetreuung[70] sowie die Gestaltung verschiedenartiger Freizeitangebote. Dabei bestehen für den Kooperationspartner während der Betreuungszeiten volle Verkehrssicherungs-, Aufsichts- und Vertretungspflichten.

Zur Finanzierung des Personals erhalten die Kooperationspartner vom Freistaat Bayern Fördermittel, deren Höhe sich je nach Modell unterscheidet. Im Modell der Offenen Ganztagsschule darf dieses Budget ausschließlich für den Personalaufwand für die genehmigten Bildungs- und Betreuungsangebote im Rahmen des Ganztagsangebotes verwendet werden. Notwendiger zusätzlicher Sachaufwand soll in diesem Fall vom Schulaufwandsträger der Schule getragen werden. Die Förderungen durch den Freistaat belaufen sich bei einer Vollkooperation oder –trägerschaft eines externen Partners je nach Modell und Schulart auf eine Summe von 3.323 bis 32.600 Euro pro Gruppe bzw. Klasse[71].

4.4.2 Beschreibung und Segmentierung des Zielmarktes

Das *nahe Umfeld*[72] eines Unternehmens stellt seine Mikroumwelt mit Kunden, Lieferanten und Konkurrenten dar. Im Viabilitätsmodell setzt sich die *interne Umwelt*[73] der Organisation korrespondierend aus Stake- und Shareholdern zusammen. Zwar ist die Kontrolle des nahen Umfeldes nicht möglich, eine Beeinflussung jedoch schon. Zur Untersuchung der Mikroumwelt stellt der erste Schritt der strategischen Marktanalyse die *Beschreibung und Segmentierung des Zielmarktes* dar, was der Definition wichtiger Rahmenbedingungen für die Analyse dient. Hierzu ist zunächst zu klären, wie sich der Markt zusammensetzt:

---

[70] Ausnahmen bei gebundener Ganztagsschule und Mittagsbetreuung; das Angebot einer Hausaufgabenbetreuung ist bei der gebundenen Ganztagsschule und der Mittagsbetreuung nicht erforderlich, dazu muss keine Mittagsverpflegung bei der Mittagsbetreuung bis 14.00 Uhr angeboten werden.
[71] Anhang 5: Höhe der Förderungssummen des Freistaats Bayern
[72] Vgl. Stapleton et al. (2000)
[73] Vgl. Breuer (2002)

Ein Markt besteht aus einer Menge aktueller und potenzieller Nachfrager bestimmter Leistungen sowie der aktuellen und potenziellen Anbieter dieser Leistungen und den Beziehungen zwischen Nachfragern und Anbietern.[74]

Überträgt man diese allgemeine Definition eines Marktes auf den Ganztagsschulmarkt, können Schulen als Nachfrager identifiziert werden. Für Ganztagsangebote generell in Frage kommen in Bayern grundsätzlich Grund- und Mittelschulen, Sonderpädagogische Förderzentren, Förderzentren mit Förderschwerpunkt Lernen, Realschulen, Wirtschaftsschulen sowie Gymnasien[75]. Dabei kommt insbesondere den Schulleitern eine besondere Rolle zu, da diese über die Entscheidungskompetenzen bei der Einrichtung von Ganztagsschulangeboten an der jeweiligen Schule verfügen. Zu den aktuellen und potenziellen Anbietern am Markt zählen alle gemäß den entsprechenden Bekanntmachungen des Bayerischen Staatministeriums für Unterricht und Kultus in Frage kommenden Kooperationspartner, also sowohl öffentliche Träger, als auch freie gemeinnützige Träger (vgl. Kapitel 4.4.1). Die Leistung stellt die Durchführung von Ganztagsangeboten durch den Anbieter, also den Kooperationspartner, dar. Die Marktanalyse erfolgt mit einem inhaltlichen Schwerpunkt auf Kooperationen zwischen Schulen und Sportvereinen.

Aufgrund der in der Regel vorliegenden strukturellen Heterogenität der Abnehmergruppen erfolgt nun eine Marktsegmentierung, um den sogenannten relevanten Markt und somit auch Erfolgsnischen des Marktes identifizieren zu können. So unterscheiden sich Anforderungen und Wünsche der Schulen beispielsweise hinsichtlich der pädagogischen Schwerpunkte oder der Wirkung des Angebots. Aber auch bei der Qualifikation des Personals gibt es unterschiedliche Anforderungen.[76]

Zunächst erfolgt eine nähere Betrachtung der Schulen im Hinblick auf den pädagogischen Schwerpunkt ihres Ganztagsangebotes. Die Befragung der Schulleiter hat ergeben, dass *Sport und Bewegung* mit 53,5 Prozent der bei der Stichprobe am häufigsten vorliegende pädagogische Schwerpunkt bei Ganztagsangeboten ist.

---

[74] Meffert (2012), S.47
[75] Vgl. Bayerisches Staatsministerium für Unterricht und Kultus (2012) sowie Bayerisches Ministerium für Unterricht und Kultus (2013a) und (2013b)
[76] Vgl. Zerres (2006) S. 14 f.

Pädagogische Schwerpunkte der Ganztagsangebote

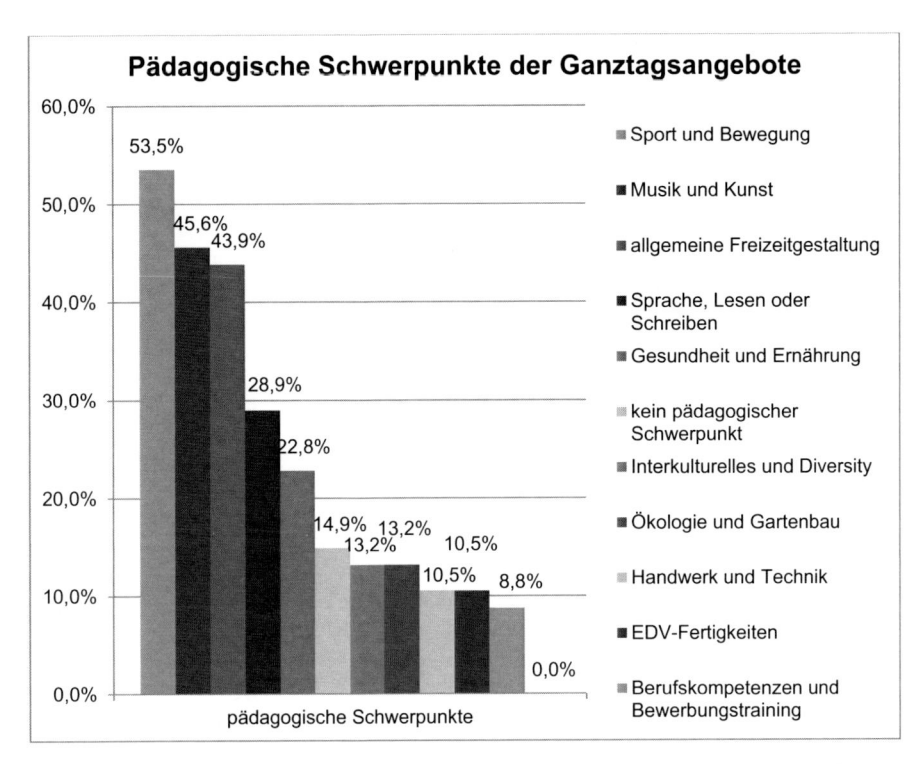

- Sport und Bewegung: 53,5%
- Musik und Kunst: 45,6%
- allgemeine Freizeitgestaltung: 43,9%
- Sprache, Lesen oder Schreiben: 28,9%
- Gesundheit und Ernährung: 22,8%
- kein pädagogischer Schwerpunkt: 14,9%
- Interkulturelles und Diversity: 13,2%
- Ökologie und Gartenbau: 13,2%
- Handwerk und Technik: 10,5%
- EDV-Fertigkeiten: 10,5%
- Berufskompetenzen und Bewerbungstraining: 8,8%
- (weiteres): 0,0%

Abbildung 5: Pädagogische Schwerpunkte der Ganztagsangebote in Bayern (Quelle: Befragung der Schulleiter, eigene Darstellung)

Ergebnisse der Schulleiterbefragung der StEG zeigen darüber hinaus sogar auf, dass bundesweit an rund 98 Prozent der Ganztagsschulen sportliche Angebote im Rahmen außerunterrichtlicher Ganztagsangebote praktiziert werden[77]. Sport gilt demnach als durchaus sehr beliebtes Angebot. Jedoch sollten diese Ergebnisse differenziert betrachtet werden. Diese Statistiken spiegeln nicht wider, durch wen das Angebot durchgeführt wird und in welchem Umfang und mit welchem Ziel derartige Angebote stattfinden. Anzuzweifeln gilt es, dass die angeführten Bewegungsangebote ausschließlich in Kooperation mit Sportvereinen durchgeführt werden. Zwar liegen keine vollständigen Zahlen über die Anzahl von Kooperationen zwischen Sportvereinen und Schulen in Bayern vor, anzunehmen ist jedoch, dass weitaus weniger Schulen tatsächlich mit Sportvereinen kooperieren und vielmehr auch Kooperations-

---

[77] StEG (2013)

partner mit anderen Konzeptschwerpunkten sportliche Angebote bereitstellen. Auch die Ergebnisse der bayernweiten Schulleiterbefragung liefern Hinweise auf diese Vermutung. Von den 53 Prozent der Schulen, welche angegeben haben, ihr pädagogischer Schwerpunkt liege auf Sport und Bewegung, kooperieren lediglich 42,6 Prozent im Rahmen ihres Ganztagsangebotes mit Sportvereinen[78]. Demnach haben die übrigen rund 57 Prozent dieser Schulen „Sport und Bewegung" als pädagogischen Schwerpunkt, kooperieren jedoch gleichzeitig nicht mit Sportvereinen.

Hier stellt sich nun die Frage nach der Qualifikation des Personals. Die Kooperationspartnerbefragung der StEG aus dem Jahr 2005 hat ergeben, dass nur 18,7 Prozent des bundesweit von Kooperationspartnern an Ganztagsschulen eingesetzten Personals Übungsleiter im Sport sind, der Anteil nach Wochenstunden beträgt sogar nur 5,4 Prozent.[79] Speziell für Bayern liegen hier keine aktuellen Zahlen vor. Dennoch korrelieren diese Zahlen keinesfalls mit dem großen Anteil an Bewegungsangeboten, welche im Rahmen von Ganztagsangeboten durchgeführt werden. Vor diesem Hintergrund gilt es für tiefergehende Forschungsergebnisse zu hinterfragen, (1) welche Qualifikationen das für Bewegungsangebote eingesetzte Personal stattdessen hat und (2) ob „die Angebote im Rahmen des Ganztagsbetriebs von angemessen qualifiziertem Personal durchgeführt werden"[80], sofern die betroffenen Angebote nicht von qualifizierten Sportlehrern durchgeführt werden.

Darüber hinaus geben die oben genannten Werte zunächst auch nicht an, in welchem Umfang Sportangebote in Zusammenarbeit mit Sportvereinen an den Schulen stattfinden. Die laut Befragung von Schulleitern und Sportvereinen am häufigsten vorliegenden Kooperationsformen stellen Sport-nach-1-Sportarbeitsgemeinschaften (Sport-nach-1-SAGs) dar, welche entweder von qualifizierten Übungsleitern oder von Lehrkräften geleitet werden können. Laut einer von der zuständigen bayerischen Landesstelle für Schulsport (LASPO) veröffentlichten Statistik wird an insgesamt 30,8 Prozent der Schulen ein derartiges Angebot durchgeführt. Hierfür stellen 8,7 Prozent aller bayerischen Sportvereine einen Übungsleiter.[81] Ursprünglich konzipiert wurden

---

[78] Vgl. Anhang 4: Ergebnisse der Befragung der Schulleiter
[79] Vgl. Arnoldt (2008), S.96
[80] Arnoldt (2008), S.85
[81] Bayerische Landesstelle für den Schulsport (LASPO) (2014b): Statistiken – Kooperationen in den Regierungsbezirken

Sport-nach-1-SAGs jedoch explizit nicht als Ganztagsmodell. Zu berücksichtigen ist daher, dass diese Form der Kooperation oft nicht im Rahmen von Ganztagsangeboten durchgeführt wird, sondern auch für Regelschüler offen steht. Von 3680 im Schuljahr 2013/14 angemeldeten Sport-nach-1-SAGs finden 1368 im Rahmen einer Ganztagsbetreuung statt.[82] Daher ist insgesamt festzuhalten, dass das Engagement der Sportvereine im Rahmen von Ganztagsangeboten offensichtlich nur in geringem Umfang stattfindet.

Umfang der Kooperationen mit Sportvereinen aus Sicht von Schulen

- Es besteht keine Kooperation mit Sportvereinen: 43,9%
- Sport-nach-1-SAG: 33,8%
- Ergänzende Kooperationen im Rahmen von Ganztagsangeboten (1-4 Stunden/Woche): 15,8%
- Sonstige Kooperationen: 12,2%
- Ergänzende Kooperationen im Rahmen von Ganztagsangeboten (5-8 Stunden/Woche): 1,4%
- Sportverein als Vollkooperationspartner oder Träger von Ganztagsangeboten: 0,0%
- Ergänzende Kooperationen im Rahmen von Ganztagsangeboten (ab 9 Stunden/Woche): 0,0%

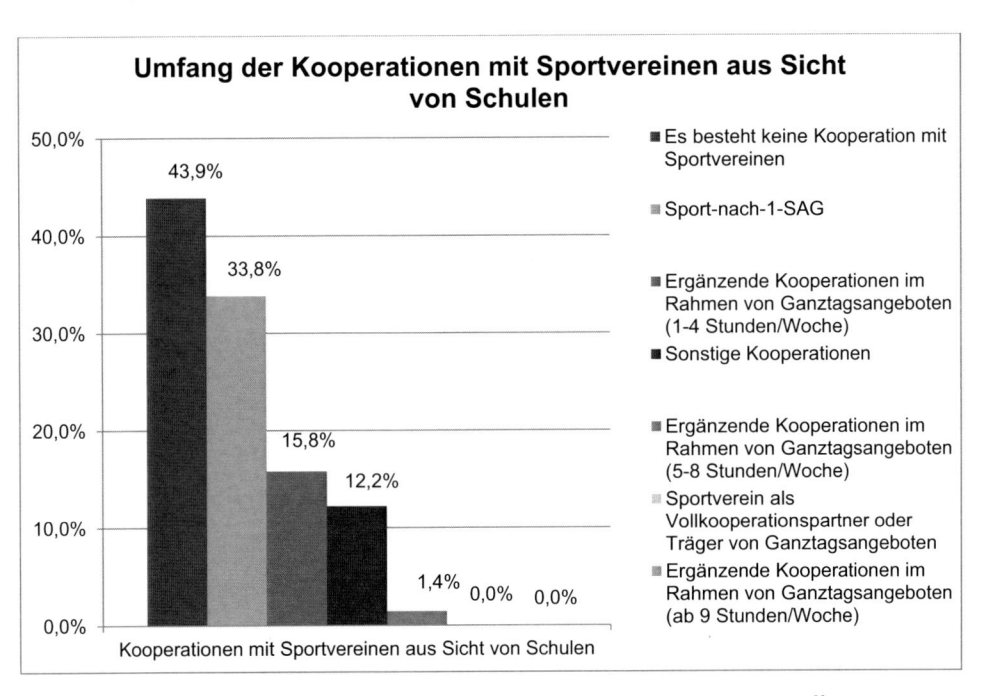

Abbildung 6: Umfang der Kooperationen mit Sportvereinen aus Sicht von Schulen[83] (Quelle: Schulleiterbefragung, eigene Darstellung)

In Frage zu stellen ist die nachhaltige Wirksamkeit von Engagements in solch geringem Umfang. Für bewegungsorientierte Ganztagsangebote werden drei Modelle unterschieden: Kooperationen werden entweder in komplementärer, additiver oder integrativer Form umgesetzt.

---

[82] Bayerische Landesstelle für den Schulsport (LASPO) (2014b): Statistiken – Kooperationen in den Regierungsbezirken
[83] Ergebnisse dieser Befragung sind nahezu deckungsgleich mit den Ergebnissen der Befragung der Sportvereinsvertreter (siehe Kapitel 4.4.3)

Additive Formen	**Sport als Freizeitangebot** • additiv-dual	**Offene Ganztagsschule** mit AGs am Nachmittag in eigener Verantwortung durch Sportvereine
	Sport als Bildungsbeitrag • additiv-komplementär	**Offene Ganztagsschule** mit Angeboten am Nachmittag unter der Verantwortung der Schule in Kooperation mit Sportvereinen
Integrative Formen	**Sport als Bildungsbeitrag** 1. *Integrativ* mit rhythmisiertem Schultag für einen Teil der Schüler(innen) 2. *Integrativ* mit vollständig rhythmisiertem Schultag für alle Schüler(innen)	1. **Teilgebundenen Ganztagsschule** mit Pflichtanteilen am Nachmittag und Angeboten über den Schultag verteilt in Kooperation mit Sportvereinen und innerschulischen Akteuren 2. **Vollgebundene Ganztagsschule** mit Pflichtanteilen am Nachmittag und Angeboten über den Schultag verteilt in Kooperation mit Sportvereinen und innerschulischen Akteuren

Abbildung 7: Ausdifferenzierung der Kooperationsmodelle[84] (Quelle: Vgl. Laging (2009))

(1) Die additiv duale Kooperationsform umfasst Sportvereinsangebote, welche zu bestimmten Zeiten freiwillig von den Schülern besucht werden können. Dieses Modell entspricht Sport-nach-1-SAGs und wird von Charakteristika klassischer Sportvereinsangebote geprägt: Freizeitangebot, Homogenität innerhalb der Gruppe, Verbreitung einzelner Sportarten, Talentsichtung und -förderung. Für die Ganztagsschulentwicklung ist dieses Modell nur wenig förderlich.

(2) Die additiv-komplementäre Kooperationsform zielt demgegenüber auf eine gemeinsame Erarbeitung eines komplementär aufeinander bezogenen Konzeptes zwischen Schule und Sportverein ab, sodass jeder einen eigenen Bildungsanteil leistet. Durch die Verzahnung unterschiedlicher Lernzugänge bieten sich Vorteile, beispielsweise im Hinblick auf Partizipationsmöglichkeiten von Kindern und Jugendlichen, sodass diese aktiv in ihrer Entwicklung gefördert werden können.

(3) Im integrativen Modell wird eine Rhythmisierung des ganztägigen Lernens mit Hilfe von Bewegungs-, Spiel- und Sportangeboten in der Schule angestrebt.[85]

Die Ergebnisse der Langzeitstudie *Study on Active Full Time School Quality* (SAFTSQ), welche im ISB im Rahmen des Programms „Bewegte Ganztagsschule"

---

[84] In Bayern entspricht die im Modell aufgeführte teilgebundene Ganztagsschule der gebundenen Ganztagsschule.
[85] Vgl. Naul (2011), S. 88 ff.

durchgeführt wird, zeigen darüber hinaus, dass eine Teilnahmehäufigkeit von zwei bis drei Mal pro Woche im Hinblick auf physische Aspekte, also Body-Mass-Index und die aerobe Ausdauerleistungsfähigkeit, die größte Wirkung erzielt.[86]

Insgesamt engagiert sich zwar ein beachtlicher Anteil an Sportvereinen an Schulen, jedoch zeigen sich hier bereits Hinweise, dass diese Engagements oft wenig zielgerichtet und damit offenkundig auch wenig wirksam zu sein scheinen. Allein die Tatsache, dass Sport-nach-1 als Sport im Ganztag wahrgenommen wird, spricht für eine völlige Missachtung der Wirksamkeitsfrage seitens vieler Sportvereine. Diese Problemstellung wird im Verlauf des Kapitels 5 noch ausführlich thematisiert.

Nicht erfasst ist, wie viele Sportvereine bayernweit als Vollkooperationspartner oder Träger von Ganztagsangeboten tätig sind. Fest steht, dass der Idealverein für Sportkommunikation und Bildung e.V. wohl zu den wenigen Pionieren in Bayern zählt, die als Sportverein in solch hohem Umfang an Schulen tätig sind und dabei mehr als nur Bewegungsstunden anbieten, sondern auch für die Bereitstellung von Mittagessen und Hausaufgabenbetreuung, aber auch Verzahnung der gesamten Ganztagsprozesse zuständig sind. Dies führt im Umkehrschluss dazu, dass in Bayern ein Anbieteroligopol für derartige Kooperationsformen vorliegt. Vielen Nachfragern nach Kooperationspartnern mit einem fundierten gesamtheitlichen bewegungsorientierten Konzept, das auch kritische Aspekte der Wirksamkeit umfasst, stehen kaum Anbieter gegenüber.

Aus diesen Erkenntnissen ergibt sich eine Segmentierung des Marktes in folgende drei Segmente:

1. Segment	2. Segment	3. Segment
Kooperation **ohne** Schwerpunkt auf Sport- und Bewegungsangebote	Kooperationen **mit** Schwerpunkt auf Sport- und Bewegungsangeboten, jedoch in geringem Umfang und wenig zielgerichtet	Umfangreiche Kooperationen **mit** Schwerpunkt auf Sport- und Bewegungsangeboten und mit **fundiertem, nachhaltigem** Konzept mit hoher **Wirksamkeit**

Abbildung 8: Segmentierung des Ganztagsschulmarktes in Bezug auf Sport- und Bewegungsangebote (Quelle: eigene Darstellung)

---

[86] Eberle (2013), S. 68

Durch diese Segmentierung erfolgt eine „Aufteilung des Gesamtmarktes hinsichtlich in sich relativ homogener Segmente, die untereinander jedoch zugleich relativ heterogen sind"[87]. So wird ermöglicht, dass differenziert auf Anforderungen und Problemstellungen bei der strukturellen Gestaltung solcher Angebote in einem Segment eingegangen werden kann. In den folgenden Kapiteln soll der Frage nachgegangen werden, weshalb sich nicht mehr Sportvereine im Bereich des dritten Segments engagieren, obwohl dies seitens der Schulen, sofern dieses Segment bekannt ist, in hohem Maße nachgefragt wird, und wie derartige Kooperationen wirkungsvoll gestaltet werden können. Denn Angebote im Bereich des dritten Segmentes stellen, wie zuvor beschrieben, die einzige Form einer wirksamen, nachhaltigen Kooperation für einen Sportverein, respektive den gesamten organisierten Sport dar.

4.4.3 Analyse der Marktgröße und der Marktentwicklung

Den zweiten Schritt der strategischen Marktanalyse stellt die *Analyse der Marktgröße und Marktentwicklung* dar. Hierzu wird zunächst die Entwicklung der Anzahl der Schulen mit Ganztagsangeboten näher betrachtet.

---

[87] Pepels (2007), S. 40

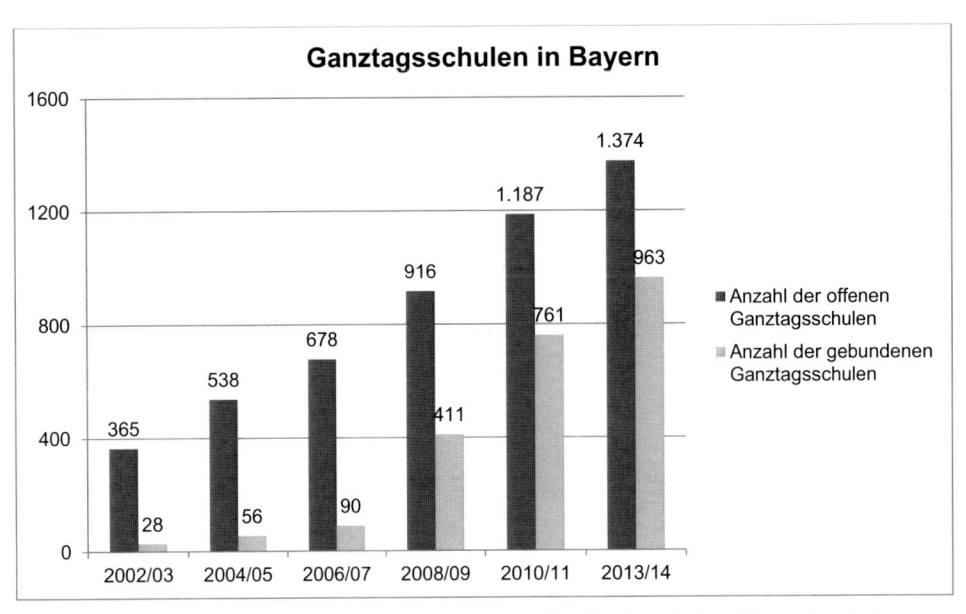

Abbildung 9: Anzahl der Ganztagsschulen in Bayern (Quelle: Bayerisches Staatsministerium für Bildung und Kultus, Wissenschaft und Kunst (2014))

Die Zahl der offenen Ganztagsschulen hat sich vom Schuljahr 2002/03 bis zum Schuljahr 2013/14 nahezu vervierfacht auf eine Anzahl von rund 1.400 Offenen Ganztagsschulen in Bayern. Noch größer sind die Wachstumsraten bei der Zahl der gebundenen Ganztagsschulen. Während es im Schuljahr 2002/03 lediglich 28 gebundene Ganztagsschulen gibt, bieten 2013/14 bereits 963 Schulen dieses Modell an. Aber auch die Entwicklung der Schülerzahlen der (verlängerten) Mittagsbetreuung spiegelt dieses stetige Wachstum wieder:

Schülerzahlen in der (verlängerten) Mittagsbetreuung

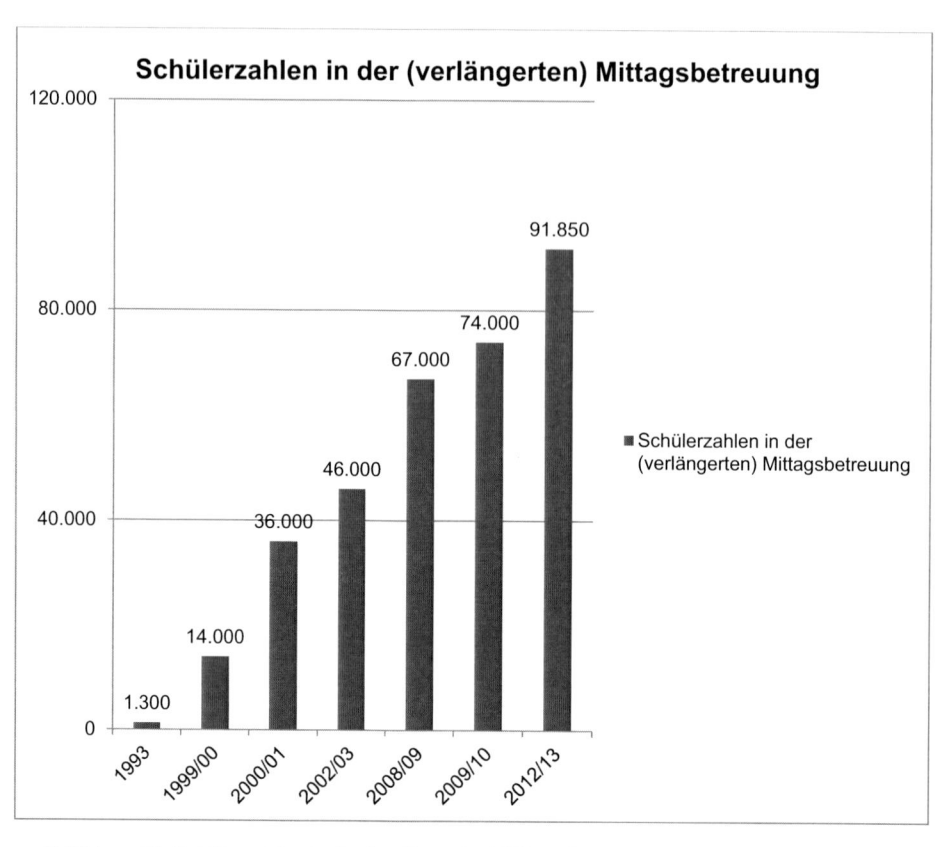

[Balkendiagramm: 1993: 1.300; 1999/00: 14.000; 2000/01: 36.000; 2002/03: 46.000; 2008/09: 67.000; 2009/10: 74.000; 2012/13: 91.850]

Abbildung 10: Schülerzahlen in der (verlängerten) Mittagsbetreuung zwischen 1993 und dem Schuljahr 2012/13 (Quelle: Klieme und Rauschenbach (2011))

Im Schuljahr 2012/13 liegt der Anteil der Ganztagsschulen an allen Schulen der Primar- und Sekundarstufe I in Bayern bei 47,6 Prozent.[88] Hier liegt Bayern nur vergleichsweise knapp unter dem bundesweiten Durchschnitt mit 55,9 Prozent. Deutlicher werden die bundesweiten Unterschiede bei Betrachtung des Anteils an Schülern im Ganztagsbetrieb im Vergleich zu allen Schülern. Mit lediglich 12,4 Prozent liegt dieser Anteil 20 Prozent unter dem deutschlandweiten Durchschnitt. Da in Bayern auch Schulen als Ganztagsschulen bezeichnet werden, bei denen nur ein Klassenzug oder eine Gruppe eines Modells vorhanden ist, werden die deutlichen Unterschiede im Entwicklungsstatus erst beim Vergleich der Schülerzahlen erkenn-

---

[88] Vgl. Klemm (2014), S. 13

bar. Zwar bietet in Bayern bereits ein großer Anteil an Schulen Ganztagsangebote an, im bundesweiten Vergleich werden damit jedoch vergleichsweise wenig Schüler erreicht.

Anteil der Schülerinnen und Schüler im Ganztagsschulbetrieb an allen Schulen (in Prozent)

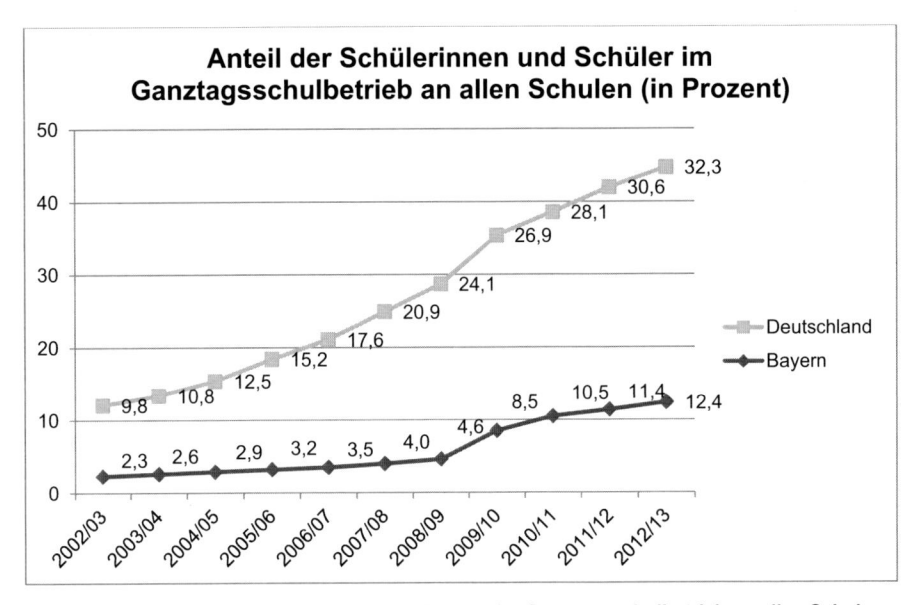

Jahr	Deutschland	Bayern
2002/03	9,8	2,3
2003/04	10,8	2,6
2004/05	12,5	2,9
2005/06	15,2	3,2
2006/07	17,6	3,5
2007/08	20,9	4,0
2008/09	24,1	4,6
2009/10	26,9	8,5
2010/11	28,1	10,5
2011/12	30,6	11,4
2012/13	32,3	12,4

Abbildung 11: Anteil der Schülerinnen und Schüler im Ganztagsschulbetrieb an allen Schulen (in Prozent) (Quelle: Klemm (2014), S.28)

Die Prognose der zukünftigen Entwicklung des Marktes spielt eine wichtige Rolle zur Bestimmung der Attraktivität eines Marktes. Zwar ist die Zuverlässigkeit solcher Vorhersagen basierend auf Daten einer retrospektiven Marktvolumenanalyse begrenzt, zur Aufzeigung eines Trends für die kommenden Jahre sind Prognosen aber dennoch gut geeignet[89]. Die stetige Zunahme der Anzahl an Ganztagsschulen und der Anzahl an Ganztagsschülern in den vergangenen Jahren lassen vermuten, dass dieser Markt vorerst weiter wächst. Wie sich diese Entwicklung auf das Marktpotenzial auswirkt wird in Kapitel 4.4.5 näher betrachtet.

Üblicherweise wird bei Marktanalysen aus dem For-Profit-Bereich zur Bestimmung der gegenwärtigen Marktgröße das Marktvolumen, also die realisierte Absatzmenge des Zielmarktes und anschließend dessen Entwicklung, näher untersucht. Hierfür

---

[89] Vgl. Meyer (2008)

werden beispielsweise die Anzahl verkaufter Produkteinheiten oder der Umsatz aller Anbieter des Zielmarktes als Kenngröße[90] verwendet. Eine monetäre Analyse des gesamten Ganztagsschulmarktes würde jedoch an dieser Stelle zu weit führen. Vielmehr sollen ergänzend die oben beschriebenen Segmente 2 und 3 im Hinblick auf Größe und monetäre Aspekte näher betrachtet werden. Im Sportentwicklungsbericht 2010/11 wird angegeben, dass bayernweit 20,3 Prozent aller Vereine bei der Angebotserstellung mit Schulen kooperieren.[91] Die Befragung der Sportvereinsvertreter[92] ergibt sogar, dass insgesamt rund 60 Prozent der befragten Sportvereine mit Schulen kooperieren.

---

[90] Vgl. Grunwald und Hempelmann (2012), S. 3
[91] Breuer und Wicker (2010b), S. 3
[92] Ergebnisse dieser Befragung sind nahezu deckungsgleich mit den Ergebnissen der Schulleiterbefragung (siehe Kapitel 4.4.2)

Umfang der Kooperartionen mit Schulen aus Sicht von Sportvereinen

Balken (Kooperationen mit Schulen aus Sicht von Sportvereinen):
- Es besteht keine Kooperation mit Schulen Sport-nach-1-SAG: 43,6%
- Sport-nach-1-SAG: 41,9%
- Ergänzende Kooperationen im Rahmen von Ganztagsangeboten (1-4 Stunden/Woche): 14,5%
- Sonstige Kooperationen: 12,0%
- Ergänzende Kooperationen im Rahmen von Ganztagsangeboten (ab 9 Stunden/Woche): 6,0%
- Ergänzende Kooperationen im Rahmen von Ganztagsangeboten (5-8 Stunden/Woche): 3,4%
- (weitere): 2,6%

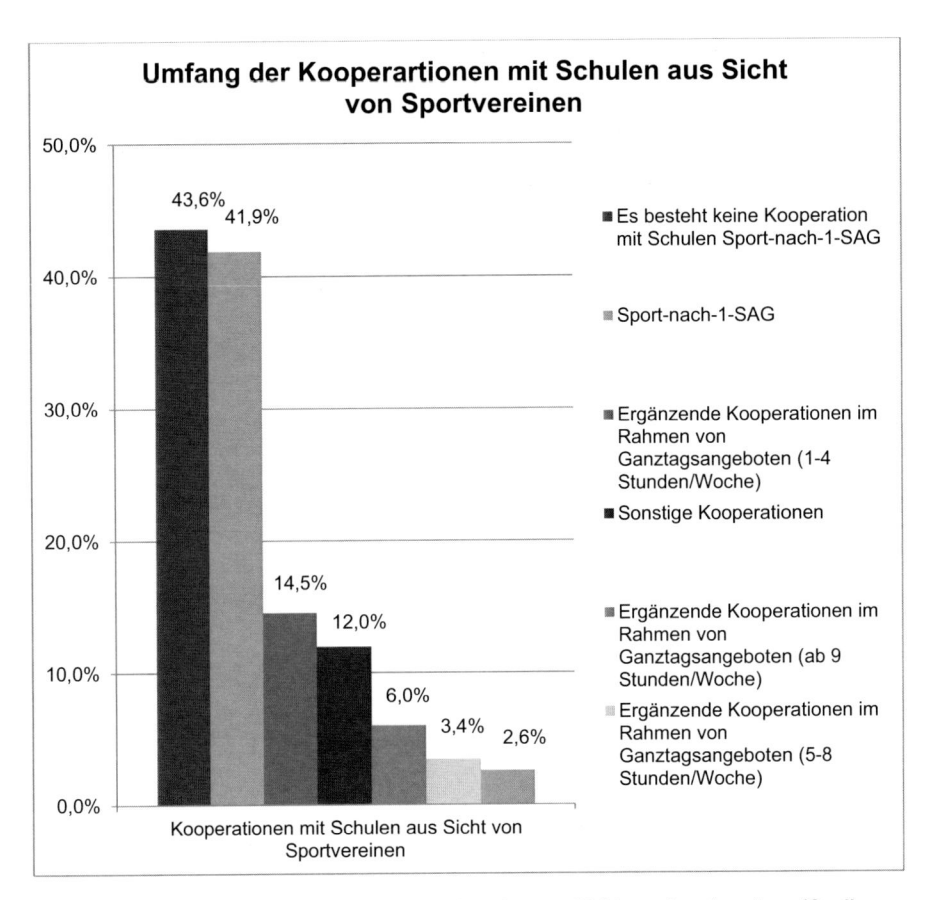

Abbildung 12: Umfang der Kooperationen mit Schulen aus Sicht von Sportvereinen (Quelle: Befragung der Sportvereinsvertreter, eigene Darstellung)

Die am häufigsten vorkommende Kooperation stellen Sport-nach-1-SAGs dar. Für derartige Sportarbeitsgemeinschaften erhalten Sportvereine pro Schuljahr eine SAG-Pauschale in Höhe von 70,00€ für eine Stunde pro Schulwoche.[93] Sonstige Kooperationen (12 Prozent) umfassen gemäß den Angaben im Rahmen der Befragung in der Regel Kooperationen, welche nicht monetär vergütet werden, also beispielsweise gemeinsame Nutzung von Sportanlagen oder Kooperationen im Rahmen von Aktionstagen an Schulen. Aussagen über die Höhe der Vergütung für ergänzende Kooperationen lassen sich im Rahmen der Ergebnisse der Befragung nicht treffen.

---

[93] Bayerische Landesstelle für den Schulsport (LASPO) (2014a)

Die Ergebnisse der Kooperationspartnerbefragung der StEG zur Personalstruktur von Sportvereinen zeigen jedoch auf, dass mit 45,3 Prozent ein Großteil des Sportvereinspersonals lediglich ehrenamtlich, jedoch in geringem Maße aufwandsentschädigt und somit einer gewissen Verbindlichkeit hinsichtlich Qualifikation und Arbeitszeit unterliegend an Schulen tätig ist[94] und lasen somit vermuten, dass auch hier nur geringe Summen vergütet werden. Als Vollkooperationspartner oder Träger sind den Ergebnissen der Befragung nach nur 2,6 Prozent der Sportvereine tätig und erhalten somit die Förderungen des Freistaates Bayern in voller Höhe[95]. Unwahrscheinlich ist jedoch, dass diese Prozentangabe aufgrund des vorab beschriebenen Stichprobenfehlers in den extremen Werten auf die Gesamtzahl der bayerischen Sportvereine (12.090 Sportvereine in Bayern im Jahr 2013[96]) hochgerechnet werden kann. Vielmehr wird es hier bayernweit nur einige wenige Sportvereine geben, die sich in solch hohem Maße engagieren.

4.4.4 Analyse der Marktstruktur

Auf die Analyse der Marktgröße und der Marktentwicklung folgt an dritter Stelle die *Analyse der Marktstruktur* des Ganztagsschulmarktes mit Schwerpunkten auf Wettbewerbern und Stakeholdern.

4.4.4.1 Analyse von Wettbewerbern

Für die *Analyse der Wettbewerber* wird die Wettbewerbslandschaft im Zielmarkt näher untersucht, indem alle relevanten existierenden und potentiellen Wettbewerber identifiziert und anschließend differenziert nach Anbieterart in Clustern zusammengefasst werden.

Exemplarisch werden an dieser Stelle die von der Regierung von Unterfranken im August 2013 veröffentlichten Vollkooperationspartner der Offenen Ganztagsschulen an Mittelschulen in Unterfranken[97] näher betrachtet. Rund zehn Prozent der insgesamt 83 Schulen mit Offenen Ganztagsangeboten in Unterfranken gestalten ihre Angebote selbst durch den Schulverband. Dies korreliert mit den deutschlandweiten

---

[94] Vgl. Arnoldt (2009)
[95] Vgl. Anhang 5: Tabelle über die Höhe der Fördersummen des Freistaats Bayern
[96] Vgl. Statista (o.D.)
[97] Regierung von Unterfranken (2013)

Werten, welche die Schulleiterbefragung der StEG ergeben hat[98]. Weitere 15 Prozent dieser Schulen kooperieren mit öffentlichen Trägern, also Städten oder Kommunen. An den übrigen 75 Prozent stellt ein freier Träger als Vollkooperationspartner das Personal für die Durchführung der Betreuungs- und Förderangebote. Unter diesen freien Trägern dominieren wiederum mit großem Abstand Bildungsträger. Lediglich an zwei der 83 betrachteten Mittelschulen ist ein Sportverein als Vollkooperationspartner tätig.

Kooperationspartner der Offenen Ganztagsschulen im Regierungsbezirk Unterfranken (Stand:12.08.2013)

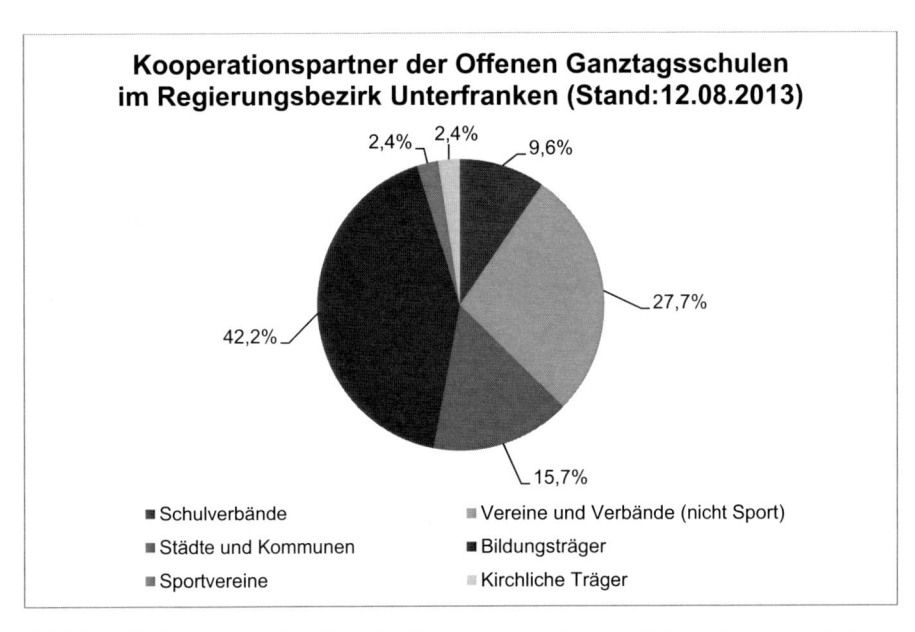

- 2,4% Schulverbände
- 2,4% Städte und Kommunen
- 9,6% Vereine und Verbände (nicht Sport)
- 27,7% Bildungsträger
- 15,7% Kirchliche Träger
- 42,2% Sportvereine

Abbildung 13: Prozentuale Verteilung der Kooperationspartner der Offenen Ganztagsschulen an Mittelschulen im Regierungsbezirk Unterfranken im Schuljahr 2013/2014 (Quelle: eigene Darstellung)

Betrachtet man das Cluster „Bildungsträger" näher, zeigt sich, dass einzelne große, etablierte Wohlfahrtsverbände sehr häufig als Kooperationspartner vertreten sind. Viele Schulen fragen demnach das Angebot einzelner Anbieter auf dem Gesamtmarkt in sehr hohem Umfang nach – es kann von einem Anbieteroligopol gesprochen werden.

---

[98] StEG (2013), S. 29

Um bei einem solchen Anbieteroligopol konkurrenzfähig zu bleiben, gilt es, sein Alleinstellungsmerkmal hervorzuheben. Denn ein wichtiger Aspekt der Wettbewerbsstrategie ist, die Organisation „so zu platzieren, dass es den Wert *der* Fähigkeiten maximiert, die es den Konkurrenten voraushat"[99]. Durch die Identifizierung von Alleinstellungsmerkmalen kann daher die Konzipierung einer eigenen, spezifischen Unique-Selling-Proposition (USP) erfolgen, welche dazu dient, den „Zielgruppen einen einfachen, klaren und gegenüber den Wettbewerbern dominanten Nutzen zu versprechen"[100] und dadurch die Attraktivität des eigenen Angebots gegenüber den Konkurrenten in der Außenkommunikation hervorzuheben.

Der Idealverein für Sportkommunikation und Bildung e.V., welcher im Rahmen dieser Arbeit aufgrund seiner langjährigen Erfahrung als Best-Practice-Beispiel genutzt wird, verankert die USP von bewegungsorientierten Ganztagsangeboten in seinem pädagogischen Konzept. Das Alleinstellungsmerkmal liegt in den folgenden Bildungspotenzialen, welchen Bewegung, Spiel und Sport im schulischen Ganztag innewohnen:

- *Bewegung in der Schule als einer "Negation der Sitzfächer" ist ein Kompensationseffekt beizumessen, der Gesundheit und Wohlbefinden steigert.*
- *Darüber hinaus leistet eine Bewegte Ganztagsschule im Rahmen sowohl angeleiteter pädagogischer Maßnahmen als auch verhältnisbezogener Schaffung von Bewegungsräumen einen erheblichen Beitrag zur Entwicklung von Selbst- und Sozialkompetenzen der Schülerinnen und Schüler.*
- *Die Möglichkeit, neue Sportarten sowie alternative Sportbereiche zu erfahren schafft Zugang zum "sozialen System Sport" und bewirkt einen Zuwachs an Interesse für neue Freizeitgestaltungsmöglichkeiten.*
- *Gesundheitliche Schutzfaktoren werden gestärkt; eine nachhaltige Verhaltenswirkung in Bewegungs- und Ernährungsgewohnheiten wird angestrebt.*[101]

---

[99] Porter (2013), S. 88
[100] Meffert (2000), S. 711
[101] ISB (2014b)

4.4.4.2 Analyse von Stakeholdern[102]

Weiterer Bestandteil der Analyse der Marktstruktur ist im Non-Profit-Bereich eine Stakeholderanalyse. Diese Methode stammt ursprünglich aus dem Bereich des Projektmanagements und hat eine systematische Analyse der vorliegenden Interessenslagen und potenziellen Einflussfaktoren auf ein Projekt zum Ziel. Es soll dadurch ermöglicht werden, Maßnahmen zur Steuerung des Verhaltens der Stakeholder eines Projektes zu definieren, um Gefahren und Risiken für das Projekt zu minimieren. Als Stakeholder werden dabei diejenigen Akteure oder Anspruchsgruppen bezeichnet, die ein Projekt direkt oder indirekt beeinflussen können oder davon betroffen sind.[103] Diese Analysemethode wird aus dem Grund an Stelle einer klassischen Kundenanalyse für die Analyse der Marktstruktur des Ganztagsschulmarktes herangezogen, da die Beantwortung der Fragestellung, wer überhaupt Kunde des Kooperationspartners ist, bereits sehr komplex ist. Zwar werden in Kapitel 4.4.2 Schulen bzw. insbesondere Schulleiter als Nachfrager identifiziert, jedoch existiert noch eine Vielzahl weiterer Akteure, welche die Kooperation beeinflussen oder davon betroffen sind. Die Stakeholderanalyse ermöglicht es, systematisch aufzubereiten, welcher Akteur in welchem Ausmaß mit welchen Interessen Einfluss auf das Angebot nehmen kann und in welchem Ausmaß Konflikte zu erwarten sind. Für die Analyse werden die Stakeholder zunächst identifiziert und ihre jeweiligen Rollen und Interessen am Ganztagsschulangebot spezifiziert. Die folgende Analyse beschränkt sich auf die Untersuchung der Akteure Schüler, Eltern, Schulleiter, Freistaat Bayern, Kommunen und den BLSV. Die Stakeholder sind in hohem Maße relevant für Ganztagskooperationen durchgeführt von Sportvereinen. Eine Betrachtung sämtlicher Stakeholder, also beispielsweise auch Versicherungen, Banken etc., würde an dieser Stelle zu weit führen.

---

[102] Anhang 6: Stakeholderanalyse (detaillierte Ergebnisse)
[103] Vgl. Sutorius (2009), S.17

Stakeholder	Erwartungen vom Verein an den Stakeholder	Erwartungen vom Stakeholder an den Verein
Schüler	Teilnahme am Angebot, Teilhabe am sozialen System Sport, Entwicklung von Sozial-, Selbst- und Gesundheitskompetenzen	Attraktivität des Angebots
Eltern	Zuverlässige Zahlung der Beiträge für Betreuung und Mittagessen	Zuverlässige Betreuung der Kinder, Verantwortungsbewusstsein, vorbildhaftes Verhalten des Personals
Schulleiter	Beauftragung des Vereins, Einhaltung der vertraglichen Vereinbarung, gegenseitige Anerkennung und Wertschätzung	Erfüllung der vertraglichen Vereinbarung, Bereitstellung des Personals, Attraktivität und Wirksamkeit des Angebots, Zuverlässigkeit, Verantwortungsbewusstsein, vorbildhaftes Verhalten des Personals
Freistaat Bayern	korrekte und zügige Zuschussvergabe, problemorientierte und sachliche Zuarbeit	ordnungsgemäße Ressourcenverwendung, Transparenz, Effektivität
Kommunen	korrekte und zügige Zuschussvergabe, Wertschätzung und Anerkennung, problemorientierte und sachliche Zuarbeit	ordnungsgemäße Ressourcenverwendung, Transparenz, Teilhabe, Wertschätzung, Effektivität
BLSV	mächtige politische Vertretung, Vergabe und Vermittlung von Leistungen in angemessenem Maße (Fördermittel, Versicherungen, Beratungsangebote, Konzessionen, Zertifikate, Bildungsentwicklung, Ausbildungsplätze, Lizenzen)	Vereinsentwicklung zum Zwecke des Mitgliederzuwachses, Einhaltung und Identifikation mit satzungsmäßigen Zielen, Zuwachs von Aktivität und Bewegung in der Bevölkerung

Tabelle 2: Stakeholderanalyse: Erwartungenb seitens des Vereins sowie der Stakeholder (eigene Darstellung)

Im zweiten Schritt werden die Stakeholder im Hinblick auf ihre Nähe zum Projekt untersucht. Die folgende Grafik stellt die Nähe der Stakeholder zum Projekt dar, wobei 5 „sehr nah" und 1 „ohne Nähe zum Projekt" bedeutet.

Nähe zum Projekt

```
           Schüler
             5
             4
BLSV         3          Eltern
             2
             1
             0                      ——— Nähe zum Projekt

  Kommunen              Schulleiter

        Freistaat Bayern
```

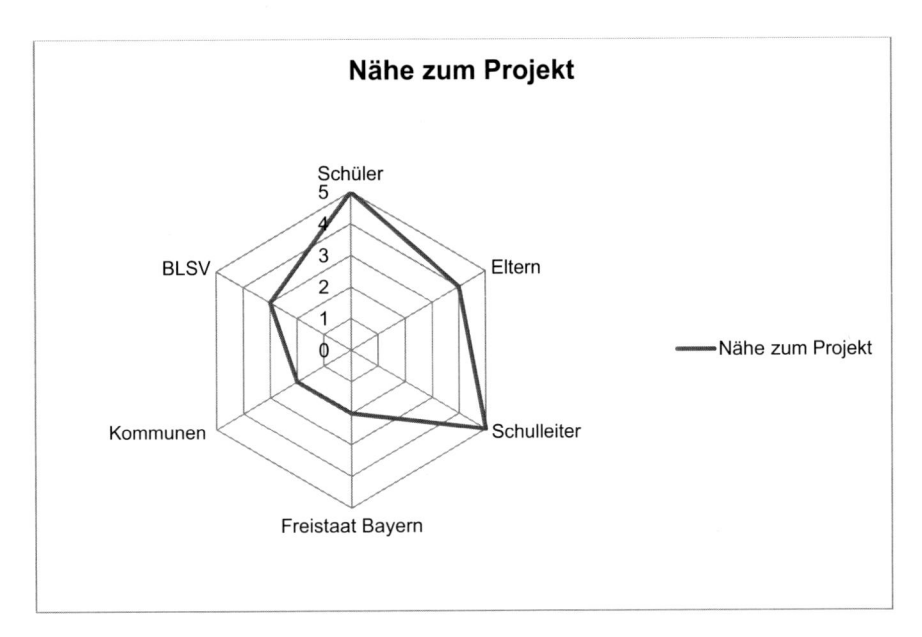

Abbildung 14: Stakeholderanalyse: Nähe zum Projekt (Quelle: eigene Darstellung)

Die aufgeführten Stakeholder können demnach in zwei Gruppen eingeteilt werden: Schüler, Eltern und Schulleiter stehen direkt mit dem Projekt in Kontakt. Schulleiter, Kommunen sowie der BLSV stehen lediglich indirekt damit in Kontakt.

In einem dritten Schritt werden anschließend das Ausmaß an Macht und Einfluss sowie das Konfliktpotenzial im Hinblick auf mögliche Auseinandersetzungen näher betrachtet. Die Ergebnisse werden in der folgenden Grafik visualisiert dargestellt. Je weiter oben sich die jeweilige Blase befindet, desto höher ist ihr Einfluss, je weiter rechts sie sich befindet, desto höher ist das Konfliktpotenzial zwischen Verein und Stakeholder. Die Blasengröße visualisiert die Gewichtung, also das Produkt beider Faktoren.

Stakeholderanalyse

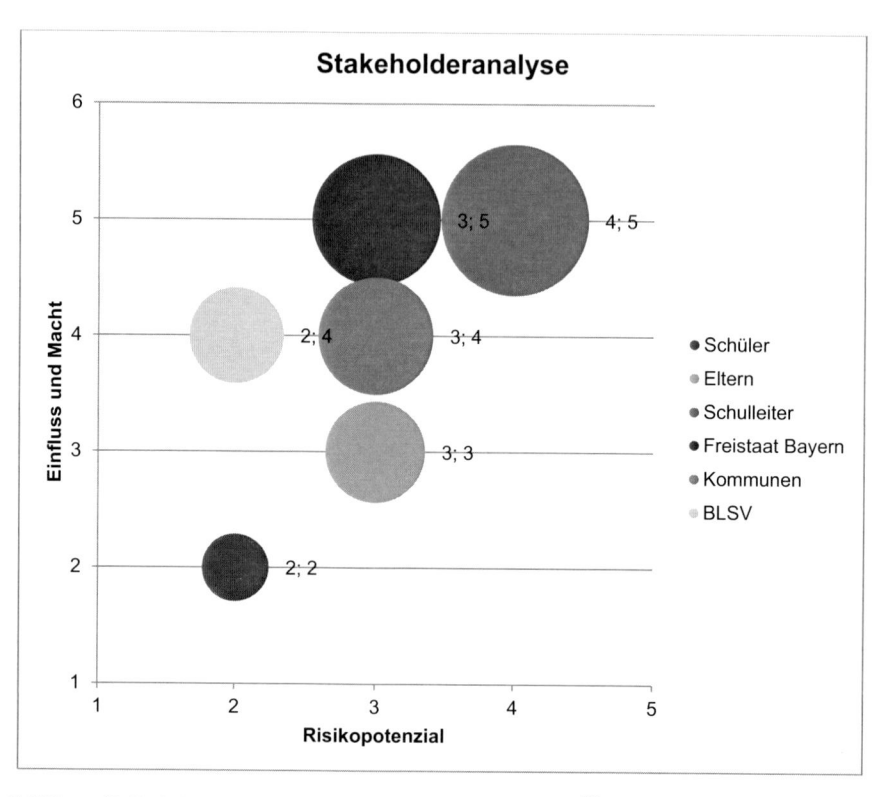

(Bubble chart with axes "Einfluss und Macht" (y, 1–6) and "Risikopotenzial" (x, 1–5). Data points: Schüler 2;4; Eltern 3;5; Schulleiter 4;5; Freistaat Bayern 3;4; Kommunen 3;3; BLSV 2;2.)

Abbildung 15: Stakeholderanalyse: Einfluss und Konfliktpotenzial[104] **(Quelle: eigene Darstellung)**

Schulleiter stehen demnach nicht nur in sehr engem Kontakt mit dem Projekt, sondern sie haben auch eine sehr hohe Macht bei einem gleichzeitig hohen Konfliktpotenzial und sind somit der entscheidendste Stakeholder bei Ganztagsangeboten. Sie entscheiden zum einen über die Beauftragung des Kooperationspartners, zum anderen haben sie gleichzeitig auch großen Einfluss auf die strukturelle Gestaltung des Angebots. Schulleitern ist demnach zu jeder Zeit eine hohe Aufmerksamkeit beizumessen. Im Hinblick auf die Finanzierung des Angebotes spielen der Freistaat Bayern sowie auch Kommunen die entscheidende Rolle. Mit diesen Stakeholdern kommt der Verein insbesondere dann in Kontakt, wenn über die Realisierung eines neuen Angebotes oder die Weiterführung eines bereits bestehenden Angebotes entschieden wird. Ohne deren Zustimmung kann die Durchführung von Ganztagsan-

---

[104] Skalierung: 1=ohne, 2=gering, 3=mittel, 4=hoch, 5=sehr hoch; Datenbeschriftung: y-Wert/x-Wert

geboten nicht erfolgen. Der BLSV hat vor allem aufgrund seiner Monopolstellung und seiner politischen Vertretungsmacht einen derart hohen Einfluss. Schüler und Eltern hingegen stehen zwar in direktem Kontakt mit dem Projekt, jedoch ist ihr Einfluss auf das Projekt aufgrund ihrer nur in geringem Maße vorhandenen Entscheidungsmacht der einzelnen Stakeholder eher gering.

4.4.5 Potenzialanalyse des Zielmarktes

Letzter Bestandteil der Marktanalyse ist eine Potenzialanalyse des Zielmarktes, wobei das Marktpotenzial die Gesamtheit der potenziell realisierbaren Absatzmengen eines Produktes oder einer Dienstleistung auf einem Markt beschreibt. In der Regel liegt bei neu geschaffenen Märkten ein hohes, noch nicht ausgeschöpftes Marktpotenzial vor.[105] Der Sättigungsgrad[106] gibt dabei Aufschluss über die Attraktivität des Zielmarktes:

$$Sättigungsgrad = \frac{Marktvolumen}{Marktpotenzial} \times 100\%$$

Die bildungsstatistische Analyse der Bertelsmann-Stiftung hat ergeben, dass der Sättigungsgrad in Bayern bei 47,6 Prozent liegt.[107] Das Marktpotenzial, also die Anzahl an Schulen, die potenziell für Ganztagsangebote in Frage kommen, liegt bei rund 4500 Schulen[108]. Je niedriger der Sättigungsgrad, desto weniger ist der Markt gesättigt und desto attraktiver ist der Markt. Gleichzeitig lässt sich auch ein Rückschluss auf die zukünftige Wettbewerbsintensität ziehen. Je weiter sich der Wert an 0 Prozent annähert, desto weniger Konkurrenz herrscht auf dem Markt. Entspricht das Marktvolumen dem Marktpotenzial, liegt ein gesättigter Markt mit intensivem Konkurrenzkampf vor. Auf dem Ganztagsschulmarkt ist demnach durchaus noch viel Potenzial vorhanden und auch die Intensität des Konkurrenzkampfes ist tendenziell eher niedrig einzuschätzen.

---

[105] Vgl. Meffert (2012), S. 55
[106] Vgl. Grunwald und Hempelmann (2012), S. 4
[107] Vgl. Klemm (2013)
[108] Vgl. Bayerisches Staatsministerium für Unterricht und Kultus, Wissenschaft und Kunst (2014): Schulsuche

Zu bedenken ist, dass noch nicht an jeder Schule angestrebt wird, Ganztagsangebote durchzuführen, dennoch steckt, wie folgendes Diagramm zeigt, weiterhin Ausbaupotenzial im Ganztagsschulmarkt:

Zufriedenheit mit dem Ausbaustatus von Ganztagsangeboten an bayerischen Schulen

- Ja, an meiner Schule werden Ganztagsangebote durchgeführt und ich bin zufrieden damit: 54,7%
- Ja, an meiner Schule werden Ganztagsangebote durchgeführt, ich bin jedoch unzufrieden: 16,5%
- Nein, an meiner Schule werden keine Ganztagsangebote durchgeführt und ich bin zufrieden damit: 20,9%
- Nein, an meiner Schule werden bisher keine Ganztagsangebote durchgeführt, ich wünsche es mir aber: 7,9%

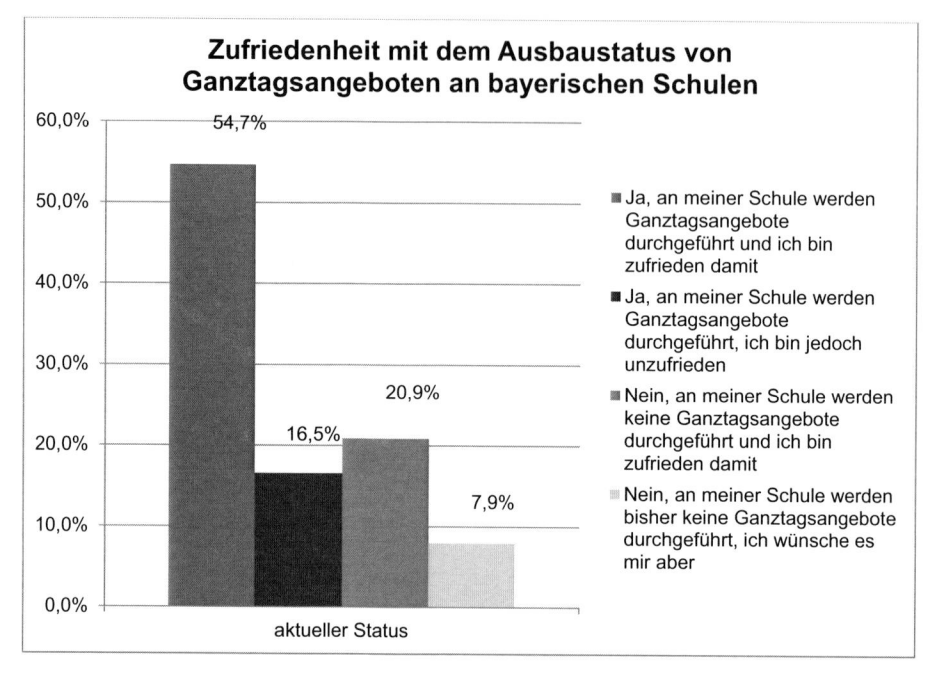

Abbildung 16: Zufriedenheit mit dem Ausbaustatus von Ganztagsangeboten an bayerischen Schulen (Quelle: Schulleiterbefragung, eigene Darstellung)

Die folgende Grafik wiederum zeigt das Marktpotenzial von Sportvereinskooperationen auf. Die Antwortmöglichkeit „Nein, ich kann mir keine Kooperation mit einem Sportverein vorstellen" wurde von keiner der 139 Schulen gewählt. Somit kann sich jede der befragten Schulen prinzipiell eine solche Kooperation, wenn auch in unterschiedlichem Umfang, vorstellen.

Kooperationen mit Sportvereinen

- 10,8% — Ja, ich kann mir eine Kooperation vorstellen, bei der Sportvereine mehr als nur Sportangebote durchführen (z.B. auch Hausaufgabenbetreuung, Mittagessen)
- 70,5% — Ja, ich kann mir eine Kooperation mit einem Sportverein vorstellen, jedoch nur im Rahmen von Sportangeboten
- 18,7% — Es besteht bereits eine Kooperation

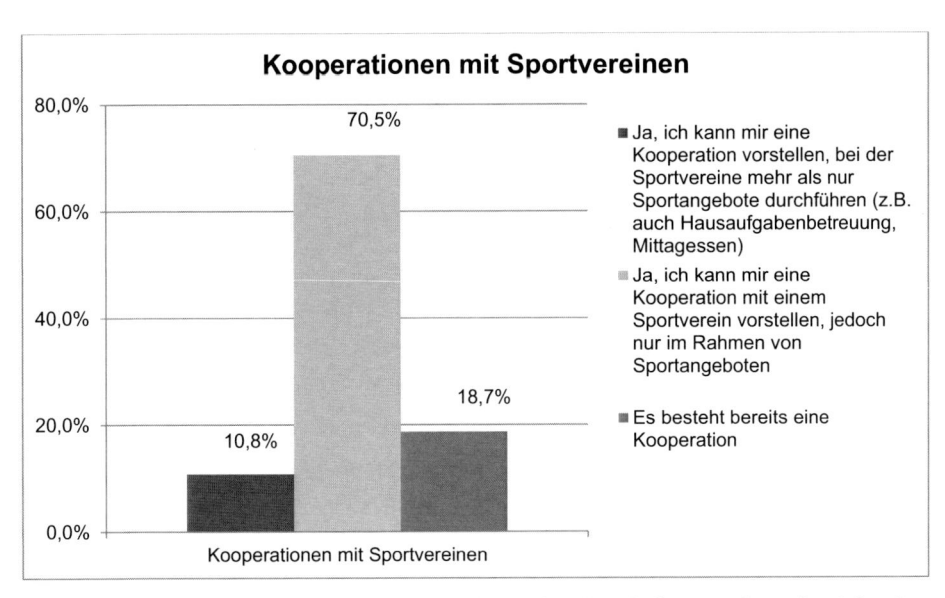

Abbildung 17: Kooperationen mit Sportvereinen (Quelle: Schulleiterbefragung, eigene Darstellung)

Dass sich der Großteil der Schulleiter eine Kooperation mit einem Sportverein nur im Rahmen von Sportangeboten vorstellen kann, lässt vermuten, dass bei Schulleitern offenbar nur wenige Erfahrungswerte in Bezug auf Vollkooperationen bzw. Trägerschaften von Ganztagsangeboten durch Sportvereine vorhanden sind und dadurch eine nicht begünstigende Haltung gezeigt wird. Am Beispiel des ISB wird jedoch das Gegenteil deutlich: Führt der Sportverein Ganztagsangebote zuverlässig und wirkungsvoll durch, steigt erfahrungsgemäß die Nachfrage seitens der Schulleiter in so starkem Maße, dass nicht mehr alle Kooperationsanfragen realisiert werden können – ein Anbieteroligopol liegt vor.

5 Problematik und Hemmnisse bei der Realisierung von Ganztagsangeboten aus Sicht von Sportvereinen

In diesem Kapitel erfolgt nun eine Zusammenfassung der Ergebnisse der Befragungen im Hinblick auf Problematik und Hemmnisse bei der Realisierung von Ganztagsangeboten durch Sportvereine:[109]

Festzuhalten ist, dass sich mit rund 60 Prozent bereits ein beachtlicher Anteil an Sportvereinen an Schulen engagiert. Diese Kooperationen finden jedoch meist nur in geringem Umfang statt und scheinen somit oft nur wenig zielgerichtet und ohne fundiertes Konzept zu sein. Sportvereine fühlen sich erkennbar aufgerufen, sich an Schulen zu engagieren, jedoch ohne sich richtig bewusst zu sein weshalb. Die Wirksamkeit des Angebots scheint dadurch nicht im Vordergrund zu stehen, wodurch kein zielgerichtetes aufeinander zu Bewegen stattfinden kann. Denn genauso sind Schulleiter eindeutig offen gegenüber Kooperationen mit Sportvereinen, nehmen jedoch eine nicht begünstigende Haltung gegenüber umfangreichen Kooperationen ein, welche hingegen nachweislich[110] wirkungsvoller wären.

Im Rahmen der Auswertung der Befragungen wird klar, dass der überwiegende Teil der Sportvereine die Möglichkeiten zur strukturellen Gestaltung von Ganztagsangeboten nur beschränkt wahrnimmt. Immer wieder wird sowohl von Sportvereinen als auch von Schulleitern moniert, dass es kaum möglich sei, geeignetes, qualifiziertes Personal zu finden, welches zeitlich die Möglichkeiten hat, derartige Angebote an Schulen für sehr geringes Entgelt bzw. sogar ehrenamtlich am frühen Nachmittag durchzuführen. Aufgrund des sehr geringen Entgelts, welches Sportvereine für Kooperationen in geringem Umfang erhalten[111], sehen viele Sportvereinsvertreter folgerichtig ein Hemmnis darin, dass der Finanzbedarf für Ganztagsangebote das vom Freistaat bzw. der LASPO zur Verfügung gestellte Budget überschreiten würde. Statt Kooperationen nur in geringem Umfang durchzuführen bietet die Übernahme von Vollkooperationen oder Trägerschaften solcher Angebote, zwar immer noch begrenzte, jedoch weitaus größere finanzielle Möglichkeiten, als es beispielsweise

---

[109] Detaillierte Ergebnisse befinden sich im Anhang (Anhang 3 und 4)
[110] Vgl. Eberle (2013)
[111] Beispielsweise werden Kooperationen in Sport-nach-1-SAGs mit einem Stundenlohn von rund 1,84€ vergütet (vgl. Bayerische Landesstelle für den Schulsport (2014a)).

eine Sport-nach-1-SAG tun würde. Da dies jedoch scheinbar nicht bekannt ist, kommen somit für viele Sportvereine umfangreiche Kooperationen mit Schulen grundsätzlich nicht in Frage. Dies führt dazu, dass rund 40 Prozent der Sportvereine der Meinung sind, Risiken von Ganztagsschulkooperationen durch Sportvereine überwiegen über Chancen und können sogar eine Bedrohung für Sportvereine darstellen.

So wird befürchtet, dass Ganztagsschulen aufgrund der längeren Bindung am Nachmittag eine sinkende Teilhabe von Kindern in Sportvereinen zur Folge haben könnten. Die Ergebnisse der Langzeitstudie SAFTSQ (Study on Active Full Time School Quality) liefern jedoch eindeutige Hinweise darauf, dass sich die Teilnahme an bewegungsorientierten Ganztagsangeboten nicht hinderlich auf den organisierten Sport auswirkt. Vielmehr wird im Rahmen der Studie aufgezeigt, dass Kinder, welche regelmäßig an Ganztagsangeboten teilnehmen, insbesondere bei nicht gebundenen Ganztagsmodellen in der Primarstufe auch in höherem Maße Mitgliedschaften in Sportvereinen aufnehmen.[112] Bei der richtigen strukturellen Gestaltung können langfristig angelegte bewegungsorientierte Ganztagsschulkooperationen mit Sportvereinen somit sogar mehr Chance als Risiko für Sportvereine darstellen und zur Existenzsicherung beitragen[113].

Dennoch ist nicht zwingend zu erwarten, dass sich Ganztagsschulkooperationen automatisch in hohem Ausmaß auf die eigenen Mitgliederzahlen auswirken. Mitgliedergewinnung hängt dabei auch davon ab, welche Angebote im eigenen Sportverein existieren. Werden Sportarten, wie beispielsweise Hockey, welche die Kinder im Rahmen von Ganztagsangeboten kennenlernen und für die sie sich begeistern können, nicht im eigenen Sportverein angeboten, können die Schulkinder zwar unter Umständen generell für eine Mitgliedschaft in einem Sportverein begeistert werden, jedoch eben nicht zwangsläufig in jenem, welcher das Ganztagsangebot durchführt. Jedoch bietet sich dadurch die Chance, durch Professionalisierung neue Zielgruppen zu erschließen und so den Vereinszweck „Sport" in höherem Maße zu erreichen, also einen indirekten Ressourcenzuwachs. Es können viele Kinder (sowie deren Eltern) erreicht und für Sport begeistert werden und auch den Kindern, deren Zugang

---

[112] Vgl. Eberle (2013), S.88
[113] Vgl. Rump und Schulz-Algie (2011), S.87

zu Sportvereinsangeboten aus sozioökonomischen Ursachen oftmals vermindert ist, wird Teilhabe an regelmäßigen Bewegungsangeboten ermöglicht. Jedoch würde dies eine Steuerung der strategischen Ausrichtung eines Sportvereins weg von der Identifikation mit einer direkten Mitgliederentwicklung als kritische Ressource hin zum Verständnis der Notwendigkeit der Entwicklung eines umfassenden Ressourcenbegriffs erfordern.

Seitens der Sportvereinsvertreter bestehen weiterhin hinsichtlich der Verfügbarkeit von Sportstätten Bedenken, welche durch Ganztagsangebote eingeschränkt wird. So wird befürchtet, dass durch die „Doppelbelegung" durch Ganztagsschule und Sportverein nicht nur für eigene, reguläre Vereinsangebote nicht ausreichend Belegzeiten für Sportstätten zur Verfügung stehen, sondern auch für Ganztagsangebote Engpässe entstehen. Können hier keine Kompromisse gefunden werden, wie beispielsweise das Ausweichen im Rahmen der Ganztagsangebote auf Sportgelegenheiten, also das Ausweichen auf öffentliche Flächen und Räume, „die für eine sportliche Mitnutzung offen stehen"[114], kann dies Sportvereine vor große Herausforderungen stellen. Anzunehmen ist jedoch, dass kooperierende Sportvereine gegenüber nicht kooperierenden Sportvereinen Vorteile im Hinblick auf die Absicherung von Sportstättenkapazitäten haben.[115]

Eine weitere Chance, die sich durch die Realisierung von Ganztagsangeboten bietet, liegt wohl in der Erhöhung der Professionalisierung der Vereinsstruktur. Zwar sehen die befragten Vereinsvertreter in diesem Punkt nur bedingt eine Chance, jedoch ist auch davon auszugehen, dass sie strukturelle Gestaltungsmöglichkeiten, welche diesen Vorteil mit sich bringen würden, nicht kennen. Beispielsweise würden hauptamtliche Beschäftigungsverhältnisse, welche im Zuge der Aufnahme von Vollkooperationen oder Trägerschaften realisiert werden können, erheblich zu einer Professionalisierung der sonst hauptsächlich von Ehrenamt geprägten Vereinsstruktur beitragen. Hauptamtliche Beschäftigungsverhältnisse anzubieten erhöht hinzukommend die Attraktivität des Stellenangebotes, wodurch die Akquirierung von qualifiziertem Personal vereinfacht wird. Schaffung bzw. Sicherung von Arbeitsplätzen

---

[114] Balz et al. (2000)
[115] Vgl. Rump und Schulz-Algie (2011), S. 82

gehört demnach, anders als seitens der Sportvereinsvertreter angenommen, sehr wohl zu einer Chance von Ganztagskooperationen durch Sportvereine.

Dies würde jedoch zwangsläufig auch einen hohen Verwaltungsaufwand mit sich bringen und Kenntnisse über gesetzliche Anforderungen voraussetzen. Dies kann, wie es Breuer bereits im Zusammenhang mit seinem Viabilitätsmodell formuliert hat (vgl. Kapitel 4.3), nur mit ausreichendem Wissen erfolgreich bewältigt werden. Zu Recht werden diese beiden Aspekte daher als Hemmnis eingestuft, da dieses Wissen im oft ehrenamtlich geprägten Vereinssport unter Umständen nicht in ausreichendem Maße vorhanden ist und eine zukünftige Schwerpunktsetzung durch den BLSV bilden könnte. Insbesondere an dieser Stelle knüpft die Idee einer Beratungsagentur an. Dieser Lösungsansatz wird in Kapitel 7 näher beschrieben.

Die bisher aufgeführten Hemmnisse liegen wohl vor allem aus dem Grund vor, dass Sportvereine kaum Kenntnisse über die optimale strukturelle Gestaltung solcher Ganztagsangebote haben. Erfahrungen bei der Realisierung schwer finanzierbarer Angebote, im Rahmen derer kaum Wirkung erzielt wird (z.B. Mitgliedergewinnung) und für die nur schwer geeignetes Personal gefunden werden kann, halten Sportvereine aus nachvollziehbaren Gründen davon ab, die Kooperationen zu intensivieren. Durch Kommunikation von funktionierenden, wirksamen Gestaltungsmöglichkeiten ist der Abbau dieser Hemmnisse jedoch durchaus direkt beeinflussbar. Darüber hinaus existieren noch weitere Hemmnisse, welche der in Kapitel 4.3 beschriebenen externen Umwelt einer Sportorganisation zuzuordnen sind. Wie bereits beschrieben, ist diese Sphäre höchstens durch Lobbyarbeit zu beeinflussen. Hemmnisse, welche der externen Umwelt zugeordnet werden können, sind insbesondere die vertragliche Abhängigkeit und mangelnde Liquidität. Die vertragliche Abhängigkeit stellt für die befragten Vereinsvertreter den größten Hinderungsgrund dar. Die Problematik liegt darin, dass Personal vertraglich angestellt werden muss, bevor der Kooperationspartner vom Freistaat Bayern überhaupt die Zusage für die Realisierung bzw. die Weiterführung des Ganztagsangebotes erhält. Verschärft wird diese Problemlage durch eine neue Regelung des Kultusministeriums: Bereits bei Antragsstellung für das darauf folgende Schuljahr, also im Zeitraum Mai/Juni, muss das Personal und dessen exakte Arbeitszeiten für das kommende Schuljahr verbindlich benannt werden. Entsprechend muss in diesem Zeitraum neues Personal akquiriert werden, ohne dass seitens des Freistaates vertraglich sichergestellt ist, ob dieses Ganztagsangebot überhaupt durchgeführt werden darf. Die zweite Herausforderung, welche dieser Sphäre zugeordnet werden kann, liegt in der mangelnden Liquidität. Kooperationspartner erhalten in der Regel die vertraglich vereinbarte Pauschalvergütung vom Freistaat Bayern erst nachdem erste Lohn- und Gehaltszahlungen fällig sind. Ist der Sportverein nun nicht in ausreichendem Maße liquide, kann ihn das vor große Herausforderungen stellen. In der Ökonomie spricht man hier von einer „cashflow gap"[116], also einer Finanzierungslücke, die es zu überbrücken gilt, um nicht Personalfluktuation in einem pädagogischen Feld, was eigentlich Verlässlichkeit abbilden soll, zu begünstigen.

---

[116] Vgl. Reider und Heyler (2003), S.12f.

6 Die „Bewegte Ganztagsschule" des ISB als Best-Practice-Beispiel

Die Auswertung der Befragungsergebnisse hat aufgezeigt, dass viele Sportvereine eine eher ablehnende Haltung gegenüber Ganztagsschulkooperationen einnehmen und ihnen strukturelle Gestaltungsmöglichkeiten für funktionierende, wirksame Kooperationen kaum bekannt zu sein scheinen. Um die strukturelle Gestaltung solch einer funktionierenden Kooperation aufzuzeigen, wird diese exemplarisch anhand des Idealvereins für Sportkommunikation und Bildung beschrieben.

Der ISB ist als Vollkooperationspartner bzw. Träger von Ganztagsangeboten im Rahmen aller vier bayerischen Ganztagsmodelle[117] an aktuell vier Grund- und Mittelschulen in Stadt und Landkreis Schweinfurt tätig. Seit dem Schuljahr 2008/09 ist der im Jahr 2007 gegründete Verein mit dem Projekt „Bewegte Ganztagsschule" an Schulen aktiv und gehört seitdem zu den sehr wenigen Sportvereinen in Bayern, deren Engagement an Ganztagsschulen nicht nur den pädagogischen Schwerpunkt, also die „Kür" - in diesem Falle Bewegung, Spiel und Sport, sondern auch die Pflichtanteile Hausaufgabenbetreuung und Mittagsverpflegung bei voller Verkehrssicherungs-, Aufsichts- und Vertretungspflicht umfasst. Der hierdurch erzielbare Mehrwert für die Kooperation wurde zuvor bereits als „Verzahnung der gesamten Ganztagsprozesse" beschrieben. Im Folgenden soll die Entstehung dieses Kooperationskonzeptes, welches innerhalb der in der Einleitung erwähnten Rahmenvereinbarung zwischen Kultusministerium und BLSV angedacht wird, aufgezeigt werden:

Der erste Schritt für die Realisierung des Projektes „Bewegte Ganztagsschule" liegt darin, eine mehrheitliche Überzeugung innerhalb der eigenen, entscheidenden Vereinsorgane darüber zu gewinnen, dass der gemeinnützige Zweck des Vereins auch im Rahmen der Angebotserstellung nicht nur für Mitglieder - wie im organisierten Sport offenbar traditionell angenommen - sowie nicht ausschließlich durch ehrenamtlich tätige Mitarbeiter angeleitet, sondern insbesondere auch durch hauptberuflich beschäftigte Profis erreicht wird. Der Verein begibt sich auf den Weg von Solidargemeinschaft hin zum Dienstleister. Im ISB spiegelt sich dieser Schritt in einer hohen Anzahl an hauptamtlich tätigen Mitarbeitern und einer vergleichsweise gerin-

---

[117] Gebundene Ganztagsschule, Offene Ganztagsschule, Mittagsbetreuung und verlängerte Mittagsbetreuung

gen Zahl an Mitgliedern wieder. Aktuell stehen 18 hauptamtlichen Mitarbeitern nur 90 Mitglieder gegenüber. Allerdings haben diese wenigen Mitglieder absolut keinen Anspruch an den Verein im Vergleich zu Mitgliedern tradierter Vereine, die sehr wohl eine Gegenleistung erwarten – also weniger Share- und mehr Stakeholder sind. Im ISB gilt also eher die Devise: „Lieber weniger Mitglieder, dafür in der richtigen Shareholderrolle und dafür mehr Stakeholder, die auch klar identifizierbar sind". Dies könnte vor allem auch in steuerrechtlicher Hinsicht einen zukunftsweisenden Aspekt in der Sportvereinsentwicklung darstellen.

Ein zweiter Schritt liegt in der Erstellung eines pädagogischen Konzepts[118], das den Sportverein als Bildungspartner auf Augenhöhe für Schulen wahrnehmbar macht. Hierfür bedarf es jedoch einer Erweiterung des Sportbegriffs von seinem engen, sportart- und (teilweise hoch-) selektiv-wettkampfbezogenen Sinne hin zu einem umfassenden Verständnis der Bildungspotenziale einer Sozialisation in, zum und durch Sport. Durch Fokussierung auf Entwicklung von Gesundheits-, Sozial- und Selbstkompetenzen gewinnen Bewegung, Spiel und Sport enorm an Bedeutung als wirksame Instrumente und können einen wertvollen Beitrag zu einer zukünftigen verstärkten Teilhabe am sozialen System "Sport" leisten.

Der dritte Schritt besteht aus Entwicklung eines Strukturkonzepts, das unter Kombination der knappen Ressourcen den Verein langfristig in die Lage versetzt, einerseits den qualitativen und quantitativen Anforderungen des Auftraggebers, also des Freistaates Bayern, insbesondere hinsichtlich der Qualifikation und langfristigen, zuverlässigen Bereitstellung von Personal sowie auf der anderen Seite der Umsetzung des eigenen pädagogischen Konzepts zu genügen.

Im vierten Schritt erfolgt die Etablierung verschiedener Modellstandorte unter Beachtung spezifischer Mechanismen dieses "Bildungsmarktes". Dieser kennzeichnet sich im schulischen Ganztag in Bayern insbesondere durch weitreichende – bislang eher unbekannte – Entscheidungskompetenzen der Schulleiter sowie eines Anbieteroligopols, insbesondere durch wenige große, etablierte Bildungsträger, für welche sich Schulleiter gerne hinsichtlich einer Kooperation entscheiden. Es bedarf also der Identifikation von Schulen, deren Schulleitung und Lehrkräfte eine externe Einrich-

---

[118] Vgl. Anhang 6: Pädagogisches Konzept

tung also nicht nur als bloßen Auftragnehmer in ihrem Sinne betrachten, sondern im Zuge gegenseitiger Wertschätzung und Anerkennung im Sinne einer tatsächlich Kooperation auf Augenhöhe eine Verwirklichung des gemeinnützigen spezifischen Zwecks - in vorliegenden Falle also Bewegung, Spiel und Sport - auch zulassen und aktiv unterstützen.

Aus dem ersten Projektjahr[119] wird die Erkenntnis entwickelt, dass der Verein in wesentlich höherem Maße Professionalität über den Ausbau besser refinanzierter Ganztagsmodelle, insbesondere der verlängerten Mittagsbetreuung und der offenen Ganztagsschule, und den Einsatz hochqualifizierter hauptberuflich tätiger Bildungsreferenten generieren müsste, um einerseits die staatliche Beauftragung nachhaltig und zuverlässig erfüllen zu können und andererseits das pädagogische Konzept auszubauen und durch Standardisierung wirksam umzusetzen. Mit dieser Professionalisierung gelingt es dem Verein sodann, einerseits neue Modellstandorte zu errichten und zu etablieren und andererseits die Projektarbeit hinsichtlich der Wirksamkeit systematisch und wissenschaftlich zu evaluieren.

Im Schuljahr 2013/14 beschäftigt der Verein bereits 18 hauptamtliche Mitarbeiter in vielfältigen Engagement- und Beschäftigungsverhältnissen[120]. Der Jahreshaushalt liegt bei über 300.000€[121], der Großteil davon stammt aus dem Zweckbetrieb „Bewegte Ganztagsschule". Aufgrund der großen Nachfrage seitens Schulleiter wird der noch junge Verein auch im kommenden Schuljahr weiter wachsen, hochqualifizierte Mitarbeiter anstellen, die auch andere Betriebe des Vereins hochwertig weiterentwickeln und so schlussendlich – indirekt – zu einem Ressourcenzuwachs, sogar hinsichtlich der Mitgliederzahl, beitragen.

---

[119] zwei Freiwilligendienstleistende und eine Honorarkraft; Haushaltssumme 11.380 €
[120] Freiwilligendienstleistende, Betreuungskräfte, Mitarbeiter im dualen Studium, Ausbildungsdienstverhältnisse, hauptberufliche Mitarbeiter etc.
[121] ISB (2014a)

7 Handlungsempfehlungen zum Entgegenwirken gegen zuvor identifizierte Problematik und Hemmnisse

Die grundlegende Problemstellung liegt somit darin, dass Sportvereine aufgrund vielfältiger Probleme davon abgehalten werden, umfangreiche, zielgerichtete und gleichzeitig wirksame Kooperationen mit Schulen im Bereich des Ganztags zu realisieren. Zu unterscheiden gilt es Probleme, welche die externe Umwelt sowie die interne Umwelt des Sportvereins betreffen.

Probleme im Bereich der externen Umwelt, also insbesondere die vertragliche Abhängigkeit sowie die mangelnde Liquidität, sind kaum zu beeinflussen. Das wohl wirkungsvollste Instrument zur Lösung dieses Problems stellt Lobbyarbeit dar, sodass die Politik auf vorliegende Missstände aufmerksam gemacht wird.

Die interne Umwelt einer Sportorganisation betreffenden Hemmnisse sind hingegen mit Hilfe geeigneter Strategien eher zu beeinflussen. Die Kommunikation von funktionierenden, wirksamen Gestaltungsmöglichkeiten im Sinne von „Best-Practice"-Beispielen könnte den Abbau dieser Hemmnisse durchaus direkt beeinflussen. Wie bereits in Kapitel 5 angedeutet, könnte daher ein möglicher Lösungsansatz zum Auflösen des beschriebenen Anbieteroligopols die Etablierung einer Beratungsagentur sein. Eine solche Beratungsagentur könnte Sportvereinen Unterstützung bei der Realisierung funktionierender Kooperationen bieten und Hilfestellungen bei rechtlich-strukturellen, ökonomischen sowie inhaltlich-pädagogischen Fragestellungen bereitstellen. Somit könnte dazu beigetragen werden, dass Sportvereine die Bereitschaft für eine Professionalisierung der Vereinsstrukturen sensibilisiert werden, wodurch langfristig zu deren Zukunftsfähigkeit beigetragen werden kann.

An dieser Stelle sind vor allem erfahrene Sportvereine gefragt. Sportvereine mit langjähriger Erfahrung in der erfolgreichen Umsetzung von Vollkooperationen bzw. Trägerschaften könnten gesammelte Erfahrungswerte sowohl positiver als auch negativer Art zusammentragen, sodass funktionierende Kooperationskonzepte entwickelt und Lösungsstrategien für häufig auftretende Herausforderungen und Problemstellungen gefunden werden können.

Eine Bedarfsabfrage im Rahmen der Befragungen von Schulleitern und Sportvereinen hat gezeigt, dass ein sehr großer Teil ein solches Beratungsangebot prinzipiell in

Anspruch nehmen würde. Lediglich rund 27 Prozent der Sportvereine und sogar nur 14 Prozent der Schulleiter schließen die Inanspruchnahme eines solchen Beratungsangebotes vor vornherein aus.[122] Jedoch wären nur 12 Prozent der Sportvereine und 11 Prozent der Schulleiter dazu bereit, hierfür eigene finanzielle Mittel einzusetzen.

In Zusammenarbeit mit dem Bayerischen Landes-Sportverband gilt es, eine geeignete Strategie zur Umsetzung dieser Idee, insbesondere im Hinblick auf die Finanzierung, zu entwickeln. Denn auch der BLSV hat erkannt, dass im Bereich der Ganztagskooperationen Weiterentwicklungsbedarfe bestehen und hat großes Interesse daran, die Entwicklung auf diesem Gebiet voranzutreiben.

Im Rahmen der Befragungen wurden Bedarfe für Hilfestellungen in verschiedenen Bereichen abgefragt. Wie die bisherigen Ergebnisse vermuten lassen, geben beide Gruppen die Einschätzung ab, dass im Bereich der rechtlich-strukturellen Beratung für externe Kooperationspartner bzw. Träger die größten Bedarfe liegen. Aber auch die Schulleiter selbst scheinen sich in diesem Bereich für die eigene Schule Unterstützung zu erhoffen. Darüber hinaus sehen Schulleiter auch besondere Bedarfe für Hilfestellungen im Bereich inhaltlich-pädagogische Beratung für Kooperationspartner.[123]

---

[122] Vgl. Anhang 3: Ergebnisse der Befragung der Sportvereinsvertreter sowie Anhang 4: Ergebnisse der Befragung der Schulleiter
[123] Die Einführung einer Übungsleiterausbildung mit dem Schwerpunkt „Sport im Ganztag" durch den BLSV könnte diese Bedarfe unter Umständen bereits abdecken.

Bedarfe für Hilfestellungen durch eine Beratungsagentur

Kategorie	Schulleiter	Sportvereine
Inhaltlich-pädagogische Beratung für externe Kooperationspartner/Träger	2,16	2,61
Ökonomische Beratung für externe Kooperationspartner/Träger	2,70	2,56
Rechtlich-strukturelle Beratung für externe Kooperationspartner/Träger	2,02	2,34
Moderierter Austausch zwischen den Systemen "Externe" und "Schule"	2,55	2,67
Inhaltlich-pädagogische Beratung für Schulen	2,82	2,94
Ökonomische Beratung für Schulen	2,71	2,79
Rechtlich-strukturelle Beratung für Schulen	2,24	2,73

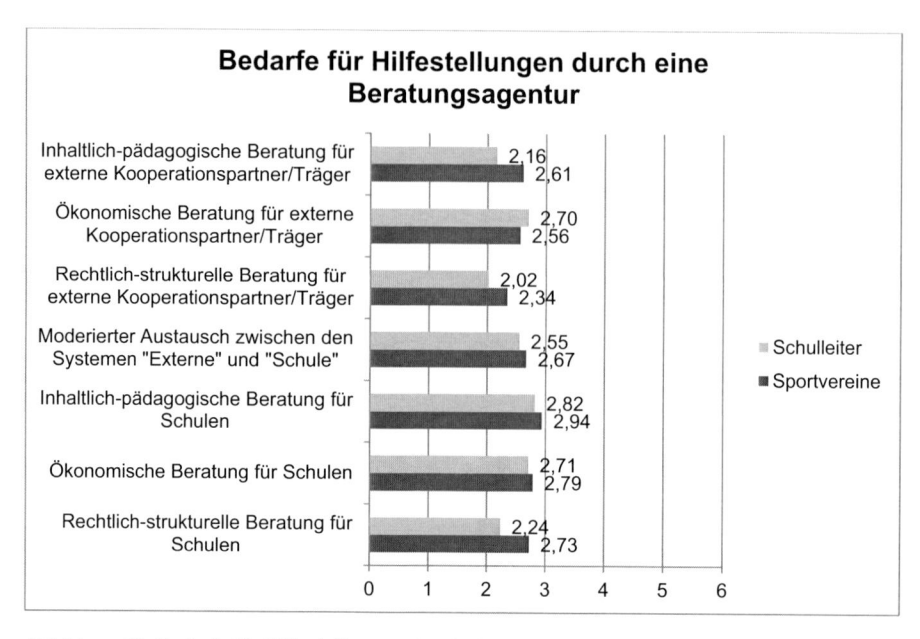

Abbildung 18: Bedarfe für Hilfestellungen durch eine Beratungsagentur (Quelle: Befragungen der Sportvereinsvertreter sowie Schulleiter, eigene Darstellung)

In einer Art Moderationsfunktion könnte die Beratungsagentur neben einer Beratung in den Bereichen Inhalt/Pädagogik, Ökonomie und strukturelle Gestaltung auch zum Austausch zwischen den Systemen „Externe Kooperationspartner" und „Schulen" beitragen und so ein zielgerichtetes aufeinander zu Bewegen fördern, sodass wirkungsvolle Kooperationen entstehen können, von denen alle Beteiligten profitieren.

8 Fazit und Ausblick

Zusammenfassend ist festzuhalten, dass sich bayernweit zwar durchaus viele Sportvereine an Schulen engagieren, diese Zusammenarbeit jedoch oft nur in geringem Umfang und nur bedingt zielgerichtet stattfindet. Dies führt dazu, dass Sportvereine sehr häufig von Problemen bei der Akquise von geeignetem qualifiziertem Personal berichten, was meist als zentrales Problem aufgeführt wird. Dies ist zurückzuführen auf ein in der Regel sehr geringes Entgelt sowie ungünstige Arbeitszeiten bei derartigen Kooperationen. Nur einigen wenigen, oft innovativen Sportvereinen in Bayern gelingt es, geeignete Strategien zu entwickeln und dadurch ein zielgerichtetes, wirksames Konzept umzusetzen.

Anzunehmen ist, dass tragfähige Partnerschaften zwischen Schulen und Sportvereinen in erster Linie von großen Vereinen mit bereits vorhandenen professionellen Strukturen umgesetzt werden oder aber eines cleveren Managements bedürfen.[124] Zusätzliche Hinweise zur Bestätigung dieser These liefert die Auswertung der Befragung der Sportvereinsvertreter.[125] An dieser Stelle knüpft die Idee der Einführung einer Beratungsagentur an, welche sowohl große, als auch kleinere Sportvereine dabei unterstützen könnte – basierend auf Erkenntnissen und Erfahrungswerten von Sportvereinen, die sich erfolgreich auf dem Ganztagsschulmarkt etabliert haben – wirksame Konzepte umzusetzen.

Zu beachten ist, dass die Repräsentativität der Ergebnisse der Befragungen, welche im Rahmen dieser Arbeit durchgeführt wurden, aufgrund des im Vergleich zur Grundgesamtheit geringen Stichprobenumfangs beschränkt ist. Dennoch werden aber eindeutige Hinweise darauf geliefert, dass auf diesem Gebiet tatsächlich Handlungsbedarfe bestehen.

Denn unbestritten ist, dass im Bereich der Ganztagsschulkooperationen mit Sportvereinen großes Entwicklungspotenzial und eine Chance für den organisierten Sport steckt. Statt Vereinssport zugunsten von Schule zu verdrängen, sollte die Möglichkeit verstärkt genutzt werden, hier ein neues Profil eines Sportangebotes zu prägen, welches nicht in erster Linie sportartgebunden sein sollte, sondern vielmehr durch

---

[124] Vgl. Rump und Schulz-Algie (2011), S. 86
[125] Vgl. Anhang 3 (Frage 11)

sportartungebundene Bewegungsangebote auf scheinbar niedrigschwelligem Niveau Bildungsinhalte und soziale Kompetenzen an Kinder und Jugendliche vermitteln sollte.

Sicherlich kommen Vollkooperationen bzw. Trägerschaften – schon allein aufgrund der Tatsache, dass 12.000 Vereine nicht 4.500 in Frage kommende Schulen bedienen können – nicht für alle Sportvereine in Betracht. Nicht jeder Sportverein muss zwingend in der Lage sein, ein solch aufwendiges Projekt umzusetzen. Dennoch gilt es, an der jetzigen Situation Veränderungen vorzunehmen, um die Entwicklung auf diesem Gebiet voranzutreiben. Denn Ganztagsschulen bieten im Zuge des Präferenzwandels seitens der Bundesregierung und speziell auch seitens der bayerischen Landesregierung hin zu einem verstärkten Ausbau auf diesem Gebiet ein sinnvolles sowie auf nachhaltige Weise wirkungsvolles Mittel, um längerfristig zur Zukunftsfähigkeit von Sportvereinen beizutragen und Ganztagsschulen attraktiv und pädagogisch wirksam gestaltbar zu machen.

So gilt es, neben der Entwicklung einer Strategie zur Umsetzung eines Beratungsangebotes auch die noch sehr junge Forschung auf diesem Gebiet weiter voranzutreiben und diese Ergebnisse explorativen Charakters als Basis für in die Tiefe gehende Forschungsarbeit zu nutzen. Eine weiterführende Fragestellung könnte beispielsweise darin liegen, zu hinterfragen, welche Voraussetzungen ein Sportverein für eine gelingende Kooperation vorweisen muss und welche Aspekte gegebenenfalls als Ausschlusskriterien gelten könnten, sodass identifiziert werden kann, welche Sportvereine für wirksame Kooperationen im Bereich des schulischen Ganztags überhaupt geeignet sind.

Literaturverzeichnis

Arnoldt, B. (2008): *Öffnung von Ganztagsschule*, in: Holtappels, H. et al. (Hrsg.): Ganztagsschule in Deutschland – Ergebnisse der Ausgangserhebung der „Studie zur Entwicklung von Ganztagsschulen" (StEG), 2. Auflage, Juventa, Weinheim und München

Arnoldt, B. (2009): Vielfalt der Partner: Konsequenz für die Kooperation – Ergebnisse aus StEG, http://www.uni-marburg.de/fb21/ifsm/dgfe-2009/vortraege/arnoldt.pdf (Abgerufen am 13. Juli 2014)

Artelt, C. et al. (Hrsg.) (2001): *PISA 2000 – Zusammenfassung zentraler Befunde*, https://www.mpib-berlin.mpg.de/Pisa/ergebnisse.pdf (Aufgerufen am 07. Mai 2014)

Balz, E. et al. (2000): *Sportgelegenheiten - Ergebnisse und Perspektiven*, in: Sportpädagogik, 24 (2000) 4, S. 45-49

Bayerische Landesstelle für den Schulsport (LASPO) (2014a): *SAG-Pauschale*, http://www.laspo.de/index.asp?k_id=5580&subk_id=5582 (Abgerufen am 13. Juli 2014)

Bayerische Landesstelle für den Schulsport (LASPO) (2014b): *Statistiken – Kooperationen in den Regierungsbezirken*, https://www.sportnach1.de/index.asp?typ=statistik&post=2 (Abgerufen am 22. Juli 2014)

Bayerisches Ministerium für Unterricht und Kultus (2013a): *Gebundene Ganztagsangebote an Schulen - Bekanntmachung des Bayerischen Staatsministeriums für Unterricht und Kultus vom 08. Juli 2013*, http://www.ganztagsschulen.bayern.de/userfiles/Bekanntmachung_GGTS_8Juli2013.pdf (Abgerufen am 19. Mai 2014)

Bayerisches Ministerium für Unterricht und Kultus (2013b): *Offene Ganztagsangebote an Schulen - Bekanntmachung des Bayerischen Staatsministeriums für Unterricht und Kultus vom 08. Juli 2013*, http://www.ganztagsschulen.bayern.de/userfiles/Bekanntmachung_OGTS_8Juli2013.pdf (Abgerufen am 19. Mai 2014)

Bayerisches Staatsministerium für Unterricht und Kultus, Bayerischer Landes-Sportverband und Bayerischer Musikrat (2005): *Rahmenvereinbarung – Musik und Sport in der Schule mit Ganztagsangeboten*, http://www.ganztagsschulen.bayern.de/userfiles/Rahmenvereinbarungen/rahmenvereinbarung_bayerischer_musikrat_blsv.pdf (Abgerufen am 24. Juli 2014)

Bayerisches Staatsministerium für Bildung und Kultus (2012): *Mittagsbetreuung und verlängerte Mittagsbetreuung an Grund- und Förderschulen*, Bekanntmachung des Bayerischen Staatsministeriums für Unterricht und Kultus vom 7. Mai 2012 Az.: III.5-5 S 7369.1-4b.13 566

Bayerisches Staatsministerium für Bildung und Kultus, Wissenschaft und Kunst (2014a): *Chancengleichheit und Förderung*, http://www.km.bayern.de/eltern/schule-und-familie/ganztagsschule.html (Abgerufen am 24. Juli 2014)

Bayerisches Staatsministerium für Bildung und Kultus, Wissenschaft und Kunst (2014b): *Kind- und familiengerecht*, http://www.km.bayern.de/eltern/schule-und-familie/mittagsbetreuung.html (Abgerufen am 24. Juli 2014)

Bayerisches Staatsministerium für Unterricht und Kultus, Wissenschaft und Kunst (2014): Ganztagsschule – Chancengleichheit und Förderung, http://www.km.bayern.de/eltern/schule-und-familie/ganztagsschule.html (Abgerufen am 12. Juli 2014)

Bayerisches Staatsministerium für Unterricht und Kultus, Wissenschaft und Kunst (2014): Schulsuche, http://www.km.bayern.de/ministerium/schule-und-ausbildung/schulsuche.html (Abgerufen am 13. Juli 2014)

Breuer, C. (2002): *Das System der Sozialen Arbeit im organisierten Sport*, Sport & Buch Strauß, Köln

Breuer, C. und Wicker, P. (2010a): *Die Situation der Sportarten in Deutschland – Eine Analyse der Sportvereine in Deutschland auf Basis der Sportentwicklungsberichte – Kanu-Vereine in Deutschland*, http://www.dosb.de/fileadmin/fm-dosb/arbeitsfelder/wiss-ges/Dateien/2009/Sportarten_SEB_Buch_Kanu.pdf (Abgerufen am 24. Juli 2014)

Breuer, C. und Wicker P. (2010b): *Sportentwicklungsbericht 2009/2010 – Analyse zur Situation der Sportvereine in Deutschland – Schule und Sportverein*, http://www.dosb.de/fileadmin/fm-dosb/arbeitsfelder/wiss-ges/Dateien/2010/Siegel-Schule_und_Sportverein_SEB09.pdf (Abgerufen am 10. Mai 2014)

Bundesministerium für Bildung und Forschung (2014): *Ganztagsschule braucht Qualität*, http://www.bmbf.de/de/1125.php (Aufgerufen am 24. Juli 2014)

Bund-Länder Kommission für Bildungsplanung (1973): *Bildungsgesamtplan*, Band 1, Klett, Stuttgart

Bungenstab, K. (1970): *Umerziehung zur Demokratie? Re-education-Politik im Bildungswesen der US-Zone 1945-49*, Düsseldorf

Destatis (2012): *Bevölkerung nach Migrationshintergrund*, https://www.destatis.de/DE/ZahlenFakten/GesellschaftStaat/Bevoelkerung/MigrationIntegration/Migrationshintergrund/Tabellen/MigrationshintergrundGeschlecht.html (Abgerufen am 24. Juli 2014)

Destatis (2013): *Von Armut oder sozialer Ausgrenzung betroffene Bevölkerung 2012*, https://www.destatis.de/DE/PresseService/Presse/Pressemitteilungen/2013/12/PD13_431_634.html (Abgerufen am 24. Juli 2014)

Dollinger, S. (2012): Gute (Ganztags-)Schule? Die Frage nach Gelingensfaktoren für die Implementierung von Ganztagsschule, 1. Auflage, Klinkhardt, Kempten

Eberle, K. (2013): *„Bewegte Ganztagsschule" – wirksame* Gesundheitsförderung?

Ehrmann, H. (1995): *Marketing-Controlling*, 2. Auflage, Kiehl, Ludwigshafen (Rhein)

Esser, H. (1993): *Soziologie. Allgemeine Grundlagen*, Campus, Frankfurt am Main

Gather, G. (1964): *Welche Gründe sprechen für die Einführung der Ganztagsschule in Deutschland?*, in: Klinger, K. und Rutz, G.: *Die Tagesheimschule. Grundlagen und Erfahrungen*, Frankfurt a.M.

Grunwald, G. und Hempelmann B. (2012): *Angewandte Marktforschung – Eine praxisorientierte Einführung*, 1. Auflage, Oldenbourg, München

Hammann, P. und Erichson, B. (2000): *Marktforschung*, 4. Auflage, Lucius und Lucius, Stuttgart

Holtappels, H. (2003): *Ganztagsschule als Herausforderung: Kooperation von Jugendarbeit und Schule*, http://ganztagsschulen.files.wordpress.com/2009/02/holtappels_ganztagsschule1.pdf (Abgerufen am 24. Juli 2014)

Holtkemper, F.-J. (1967): *Pädagogische Überlegungen zur ganztägigen Bildung und Erziehung*, Münstersche Beiträge zu pädagogischen Zeitfragen: Zur Problematik der Ganztagsschule, Münster

Hudec M. und Neumann C. (o.D.): *Stichproben und Umfragen – Grundlagen der Stichprobenziehung*, Institut für Statistik der Universität Wien, http://www.stat4u.at/download/1423/stichpr.pdf (Abgerufen am 21. Juli 2014)

ISB (2014a): *Jahresrechnung für das Geschäftsjahr 2013*, http://isb-online.org/images/documents/20140114_JR_2013.pdf (Abgerufen am 24. Juli 2014)

ISB (2014b): *Pädagogisches Konzept*, http://www.isb-online.org/index.php/de/bewegte-ganztagsschule/paedagogisches-konzept (Abgerufen am 24. Juli 2014)

Klemm, K. (2014): *Ganztagsschulen in Deutschland – Die Ausbaudynamik ist erlahmt*, http://www.bertelsmann-stiftung.de/cps/rde/xbcr/SID-988BAD50-7359FFA6/bst/xcms_bst_dms_40015_40016_2.pdf (Abgerufen am 23. Juli 2014)

Klieme, E., und Rauschenbach, T. (2011): *Entwicklung und Wirkung von Ganztagsschule. Eine Bilanz auf Basis der StEG-Studie*, in Fischer, N. et al. (Hrsg.): *Ganztagsschule: Entwicklung, Qualität, Wirkungen. Längsschnittliche Befunde der Studie zur Entwicklung von Ganztagsschulen (StEG)*, Juventa, Weinheim und Basel

Laging, R. (2009): *Bewegungsangebote und Kooperationen in der Ganztagsschule – Ergebnisse*

aus dem Projekt StuBSS, http://www.uni-marburg.de/fb21/ifsm/dgfe-2009/vortraege/laging.pdf (Abgerufen am 24. Juli 2014)

Laging, R. (2013): *„Das StuBSS-Projekt – Bewegt den ganzen Tag" – Erfahrungen und empirische Ergebnisse*, in: Freitag, B. (Hrsg.): *Bewegter Ganztag – Lernen und Erfahren durch ganztägige Bewegung*, Schriftenreihe der Universität Passau, http://www.uni-passau.de/fileadmin/dokumente/oeffentlichkeit/Publikationen/Schriftenreihe_Uni_Passau/WEB_BewegterGanztag_Druck_final.pdf (Abgerufen am 24. Juli 2014)

Ludwig, H. (2003): *Moderne Ganztagsschule als Leitmodell von Schulreform im 20. Jahrhundert*, in: Appel, S. et al.: *Jahrbuch Ganztagsschule 2004*, Wochenschau Verlag, Schwalbach/Ts.

Meffert, H. (2000): *Marketing – Grundlagen marktorientierter Unternehmensführung*, 9. Auflage, Gabler, Wiesbaden

Meffert, H. et al. (2012): *Marketing – Grundlagen marktorientierter Unternehmensführung*, 11. Auflage, Wiesbaden

Meyer, M. (2009): *Die strategische Marktanalyse*, http://www.marktforschung.de/studien-shop/studien-marktanalysen-marktdaten/ (Abgerufen am 24. Juli 2014)

Naul, R. (Hrsg.) (2011): *Bewegung, Spiel und Sport in der Ganztagsschule – Bilanz und Perspektiven*, Meyer und Meyer Verlag, Aachen

Opaschowski, H., Pries, M. und Reinhardt, U. (2006): Freizeitwirtschaft - Die Leitökonomie der Zukunft, Lit Verlag, Hamburg

Pepels, W. (Hrsg.) (2007): *Marktsegmentierung – Erfolgsnischen finden und besetzen*, 2. Auflage, Symposion, Düsseldorf

Porter, M. E. (2013): *Wettbewerbsstrategie – Methoden zur Analyse von Branchen und Konkurrenten*, 12. Auflage, Campus, Frankfurt am Main

Quellenberg, H. (2008): *Ganztagsschule im Spiegel der Statistik*, in: Holtappels, H. et al. (Hrsg.): *Ganztagsschule in Deutschland – Ergebnisse der Ausgangserhebung der „Studie zur Entwicklung von Ganztagsschulen" (StEG)*, 2. Auflage, Juventa, Weinheim und München

Regierung von Unterfranken (2013): *Offene Ganztagsschule 2013/2014*, http://www.regierung.unterfranken.bayern.de/assets/5/2/homepage__ogt_2013_14_mittelschule_stand_12.8.13.pdf (Abgerufen am 24. Juli 2014)

Reider, R. und Heyler, P. B. (2003): *Managing Cash Flow – An operational focus*, John Wiley & Sons, Hoboken (New Yersey)

Rollett, W. (2011): Der Schulentwicklungsprozess an Ganztagsschulen: Zentrale Längsschnittbefunde der Studie zur Entwicklung von Ganztagsschulen, http://www.thueringen.ganztaegig-lernen.de/sites/default/files/Rollett_StEG_Zentrale_L%C3%A4ngsschnittbefunde.pdf (Abgerufen am 24. Juli 2014)

Rump, B. und Schulz-Algie, S. (2011): *Kooperationsfeld Schule und Verein*, in: Siegel, C. und Kuhlmann, D.: *Schriftenreihe Sportentwicklung des DOSB – Band 1: Sport im Verein – ein Handbuch*, Feldhaus Verlag, Hamburg

Schmidt, W. (Hrsg.) (2008): *Zweiter Deutscher Kinder- und Jugendsportbericht – Schwerpunkt: Kindheit*, 1. Auflage, Hofmann, Schorndorf

Schultz, V. (2010): Basiswissen Controlling – Instrumente für die Praxis, 1. Auflage, Deutscher Taschenbuch Verlag, München

Sekretariat der Ständigen Konferenz der Kultusminister der Länder in der Bundesrepublik Deutschland (Hrsg.) (2011): *Allgemein bildende Schulen in Ganztagsform in den Ländern in der Bundesrepublik Deutschland - Statistik 2005 bis 2009 -*, http://www.kmk.org/fileadmin/pdf/Statistik/GTS_2009_Bericht_Text.pdf (Abgerufen am 07. Mai 2014)

Sekretariat der Ständigen Konferenz der Kultusminister der Länder in der Bundesrepublik Deutschland (Hrsg.) (2014): Allgemein bildende Schulen in Ganztagsform in den Ländern der Bundesrepublik Deutschland – Statistik 2008 bis 2012 – , http://www.kmk.org/fileadmin/pdf/Statistik/Dokumentationen/GTS_2012_Bericht.pdf (Abgerufen am 24. Juli 2014)

Staatsinstitut für Schulqualität und Bildungsforschung (Hrsg.) (2010): Mittagsbetreuung an bayerischen Grundschulen – Anregungen und Hilfestellungen zur praktischen Umsetzung, http://www.ganztagsschulen.bayern.de/userfiles/Bekanntmachung_GGTS_8Juli2013.pdf (Abgerufen am 24. Juli 2014)

Stapleton, T. et al. (2000): *Complexity and the External Environment*, The Open University, Milton Keynes

Statista (o.D.): *Anzahl der Sportvereine in Bayern von 1992 bis 2013*, http://de.statista.com/statistik/daten/studie/12363/umfrage/anzahl-der-sportverbaende-in-bayern-seit-1992/ (Abgerufen am 13. Juli 2014)

StEG (2013): *Ganztagsschule 2012/2013 – Deskriptive Befunde einer bundesweiten Befragung – Ergebnisse der Schulleiterbefragung*, http://www.bmbf.de/pubRD/NEU_Bundesbericht_Schulleiterbefragung_2012_13.pdf (Abgerufen am 18. Mai 2014)

Studie zur Entwicklung von Ganztagsschulen (o.D.): *StEG: Die erste Phase (2005-2011)*, http://www.projekt-steg.de/node/14 (Abgerufen am 24. Juli 2014)

Sutorius, R. (2009): *Projektmanagement – Checkbook*, 1. Auflage, Haufe, München

Sygusch, R. (2007): Psychosoziale Ressourcen im Sport. Ein sportartenorientiertes Förderkonzept für Schule und Verein, 1. Auflage, Hofmann, Schorndorf

Teuber, R. (2004): *Gesetzliche Grundlagen der Kooperation allgemein bildender Schulen mit anderen Einrichtungen und Personen*, http://www.gew.de/Binaries/Binary28118/Gutachten_Kooperationsgrundlagen.pdf (Aufgerufen am 07. Mai 2014)

Weis, H. C. und Steinmetz, P. (2002): *Marktforschung*, 5. Auflage, Kiehl, Ludwigshafen (Rhein)

9 Anhang

9.1 Anhang 1: Ergebnisse der Befragung der Sportvereinsvertreter

1. Aus welchem Regierungsbezirk stammt Ihr Sportverein?

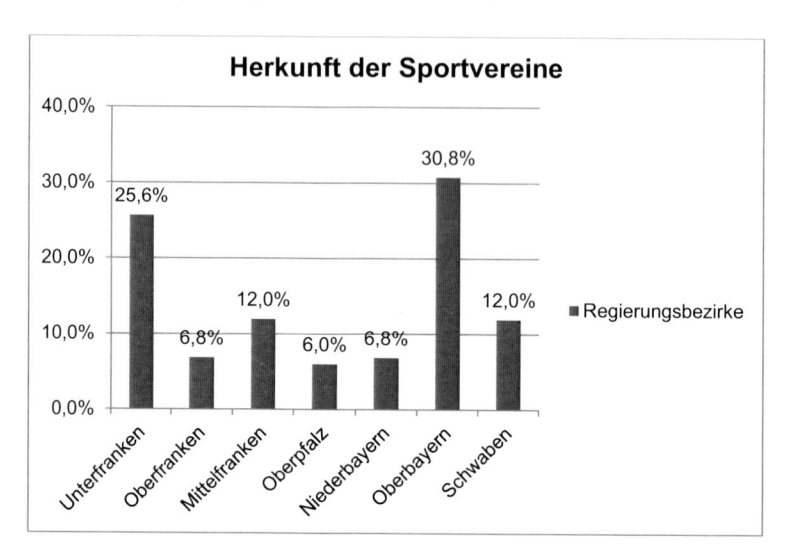

Herkunft der Sportvereine

- Unterfranken: 25,6%
- Oberfranken: 6,8%
- Mittelfranken: 12,0%
- Oberpfalz: 6,0%
- Niederbayern: 6,8%
- Oberbayern: 30,8%
- Schwaben: 12,0%

Aus den Regierungsbezirken Oberbayern und Unterfranken stammt der größte Anteil an Antworten von Sportvereinsvertretern, aus der Oberpfalz die wenigsten. Diese Ungleichverteilung kann darauf zurückzuführen sein, dass die Unterteilung der Schichten für die Zufallsauswahl der Stichprobe in Städte und Landkreise und nicht in Regierungsbezirke erfolgt ist, was zur Folge hat, dass aus bevölkerungsstärkeren Regierungsbezirken mehr Elemente für die Stichprobe ausgewählt wurden, als aus bevölkerungsschwächeren Regierungsbezirken.

2. Wie viele Mitglieder hat Ihr Sportverein?

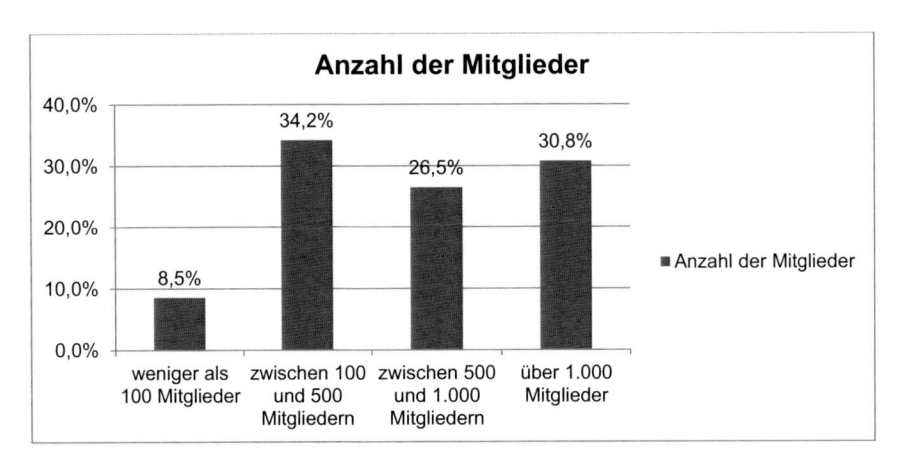

Anzahl der Mitglieder

- weniger als 100 Mitglieder: 8,5%
- zwischen 100 und 500 Mitgliedern: 34,2%
- zwischen 500 und 1.000 Mitgliedern: 26,5%
- über 1.000 Mitglieder: 30,8%

Sportvereine mit weniger als 100 Mitgliedern haben in weitaus geringerem Umfang an der Befragung teilgenommen als Sportvereine mit mehr als 100 Mitgliedern. Dieses Ergebnis unterstützt die These, dass, unter der Annahme, Mitgliederzahlen würden tendenziell auf das Engagement von Sportvereinen hinweisen, weniger stark engagierte Sportvereinsvertreter seltener an der Befragung teilgenommen haben.

3. Wie viele Einwohner umfasst das Einzugsgebiet Ihres Sportvereins ungefähr?

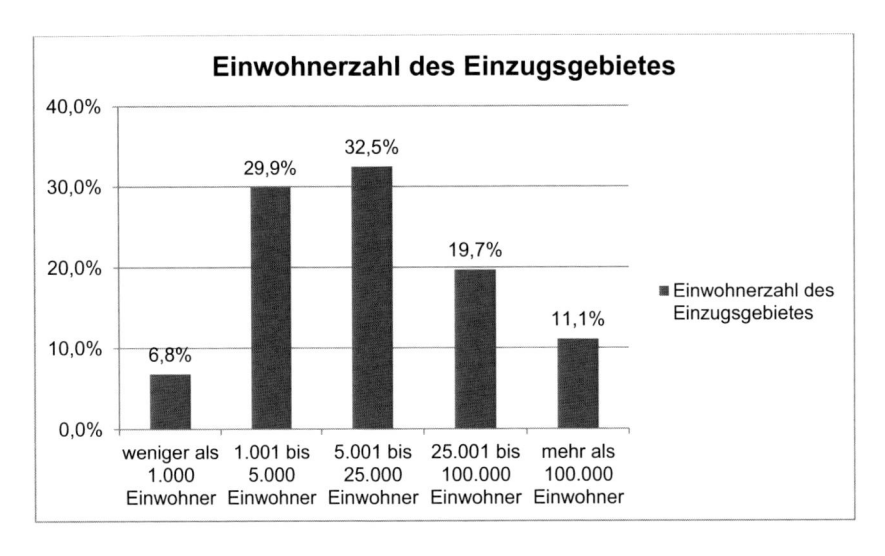

Einwohnerzahl des Einzugsgebietes

- weniger als 1.000 Einwohner: 6,8%
- 1.001 bis 5.000 Einwohner: 29,9%
- 5.001 bis 25.000 Einwohner: 32,5%
- 25.001 bis 100.000 Einwohner: 19,7%
- mehr als 100.000 Einwohner: 11,1%

4. Kooperiert Ihr Sportverein mit Schulen?

Im Durchschnitt kooperieren die befragten Sportvereine mit 1,44 Schulen. Die Standardabweichung liegt bei 1,97; somit weist dieses Ergebnis eine hohe Schwankungsbreite auf. Jedoch muss an dieser Stelle bedacht werden, dass diese Angaben oft auch unregelmäßige Kooperationen, wie beispielsweise Schnuppertrainings oder Mithilfe bei schulischen Veranstaltungen, umfassen. Dies wurde im Rahmen der Auswertung der Befragung ersichtlich. Interessant ist deshalb, an dieser Stelle auch den Modalwert zu betrachten. Dieser liegt bei 0 Schulen. Am häufigsten wird somit angegeben, dass bisher nicht mit Schulen kooperiert wird.

5. In welchem Umfang kfooperieren Sie bereits mit Schulen?

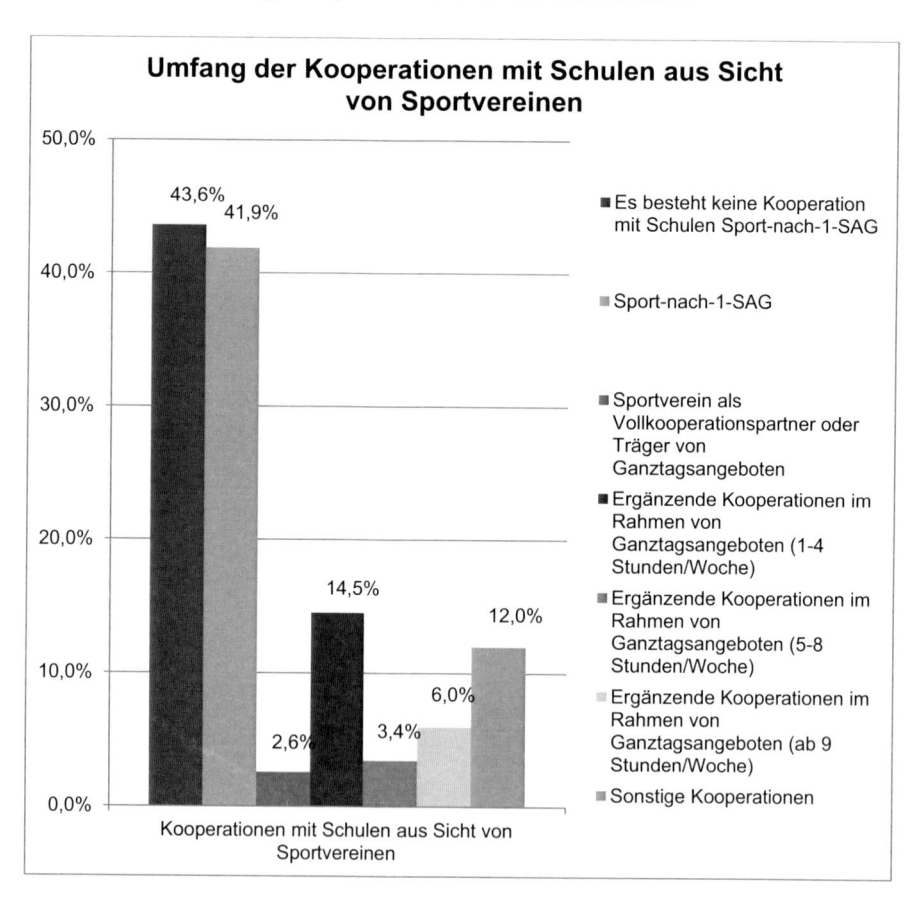

Umfang der Kooperationen mit Schulen aus Sicht von Sportvereinen

- Es besteht keine Kooperation mit Schulen Sport-nach-1-SAG: 43,6%
- Sport-nach-1-SAG: 41,9%
- Sportverein als Vollkooperationspartner oder Träger von Ganztagsangeboten: 2,6%
- Ergänzende Kooperationen im Rahmen von Ganztagsangeboten (1-4 Stunden/Woche): 14,5%
- Ergänzende Kooperationen im Rahmen von Ganztagsangeboten (5-8 Stunden/Woche): 3,4%
- Ergänzende Kooperationen im Rahmen von Ganztagsangeboten (ab 9 Stunden/Woche): 6,0%
- Sonstige Kooperationen: 12,0%

Zunächst fällt bei der Betrachtung des Diagramms auf, dass rund 60 Prozent der befragten Sportvereine mit Schulen kooperieren, rund 40 Prozent hingegen nicht. Die laut Befragung am häufigsten vorliegenden Kooperationsformen stellen Sport-nach-1-Sportarbeitsgemeinschaften (Sport-nach-1-SAGs) dar, welche von qualifizierten Übungsleitern oder Lehrkräften geleitet werden. Zu berücksichtigen ist jedoch, dass diese Form der Kooperation oft nicht im Rahmen von Ganztagsangeboten durchgeführt wird, sondern auch für Regelschüler offen steht. Daher ist insgesamt festzuhalten, dass das Engagement der Sportvereine im Rahmen von Ganztagsangeboten nur in geringem Umfang stattfindet. Unterscheidet man zwischen Sportvereinen ohne Freiwilligendienstleistenden und Sportvereinen mit Freiwilligendienstleistenden zeigt sich, dass Sportvereine mit Freiwilligendienstleistenden in weitaus größerem Umfang mit Schulen kooperieren:

Umfang der Kooperationen

Kategorie	Sportvereine ohne Freiwilligendienstleistende	Sportvereine mit Freiwilligendienstleistenden
Es besteht keine Kooperation mit Schulen	52,3%	19,4%
Sport-nach-1-SAG	31,4%	71,0%
Sportverein als Vollkooperationspartner oder Träger von Ganztagsangeboten	1,2%	6,5%
Ergänzende Kooperationen im Rahmen von Ganztagsangeboten (1-4 Stunden/Woche)	11,6%	22,6%
Ergänzende Kooperationen im Rahmen von Ganztagsangeboten (5-8 Stunden/Woche)	3,5%	6,5%
Ergänzende Kooperationen im Rahmen von Ganztagsangeboten (ab 9 Stunden/Woche)	2,3%	16,1%
Sonstige Kooperationen	16,3%	6,5%

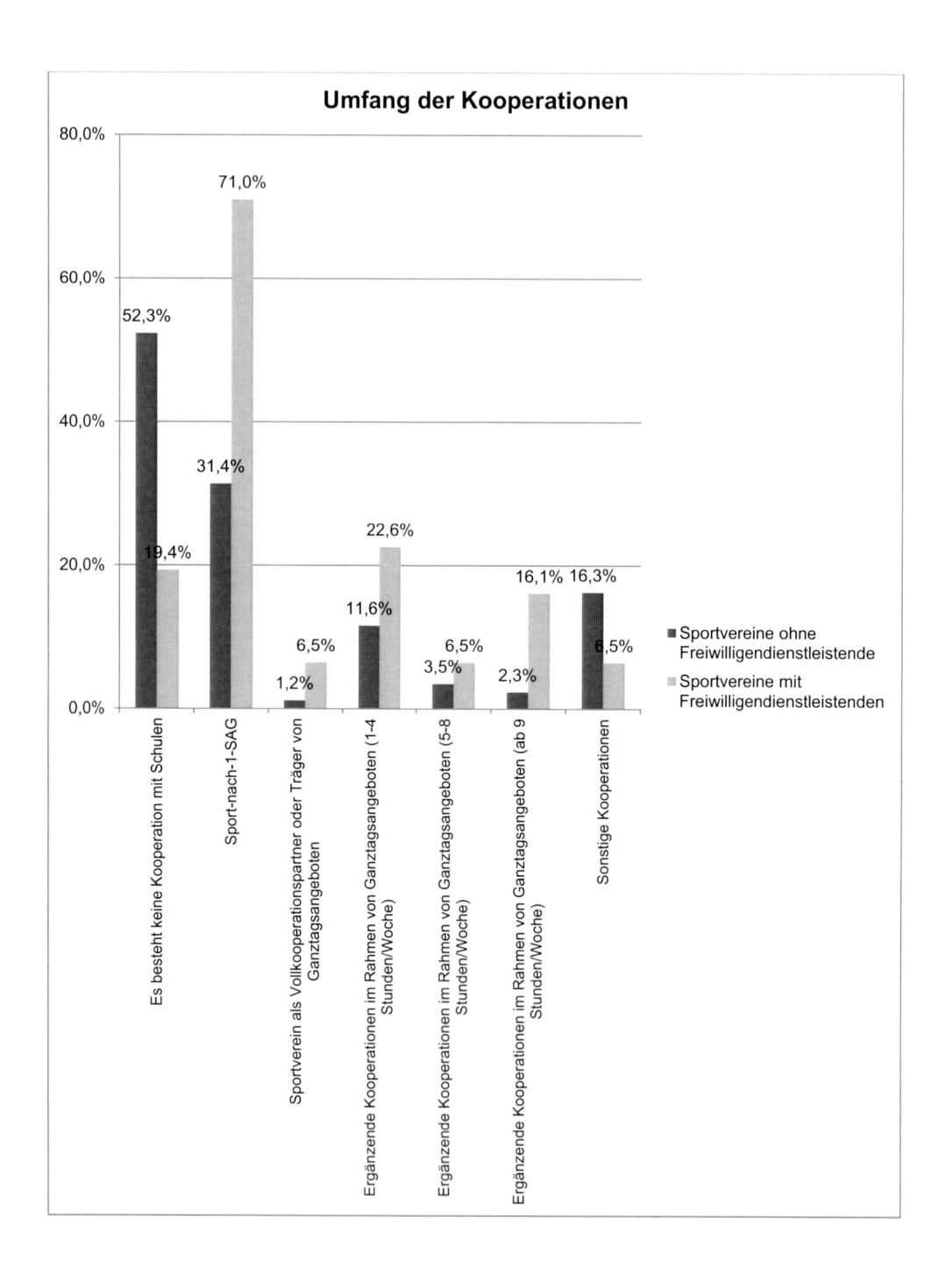

6. Führt Ihr Verein Ganztagsangebote an Schulen durch und wie zufrieden sind Sie mit dem aktuellen Status?

Ausbaustatus von Ganztagsangeboten durch Sportvereine

- Ja, unser Verein führt Ganztagsangebote durch und wir sind zufrieden damit: 15,4%
- Ja, unser Verein führt Ganztagsangebote durch, wir sind jedoch unzufrieden: 6,8%
- Nein, unser Verein führt keine Ganztagsangebote durch und wir sind zufrieden damit: 45,3%
- Nein, unser Verein führt keine Ganztagsangebote durch, wir wünschen es uns aber: 32,5%

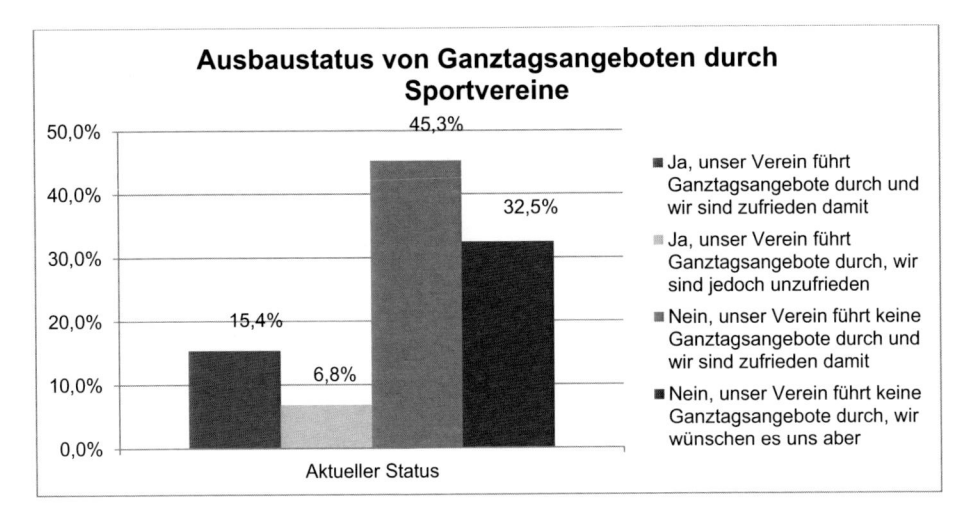

Rund 22 Prozent der Befragten gibt an, bereits im Rahmen von Ganztagsangeboten an Schulen aktiv zu sein, davon sind jedoch 6,8 Prozent unzufrieden mit dem aktuellen Status. Rund ein Drittel der Sportvereine wünscht sich laut diesen Ergebnissen zukünftige Kooperationen mit Schulen.

7. Im Rahmen welcher Ganztagsmodelle ist Ihr Sportverein an Schulen tätig?

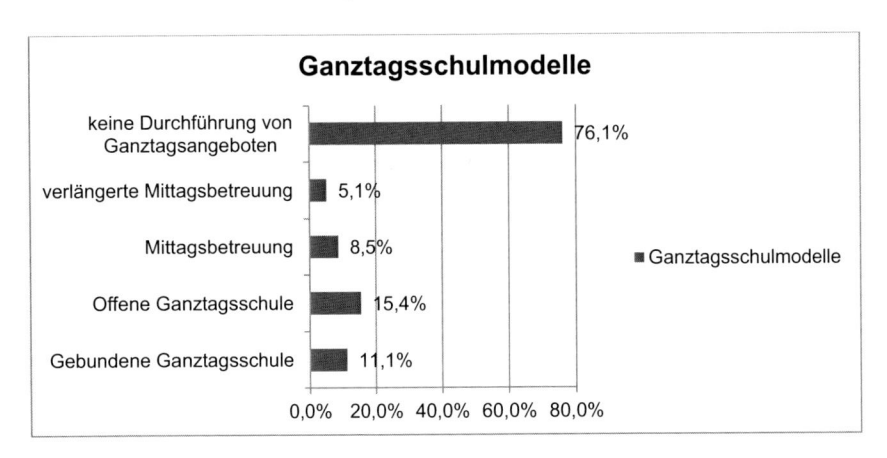

Ganztagsschulmodelle

- keine Durchführung von Ganztagsangeboten: 76,1%
- verlängerte Mittagsbetreuung: 5,1%
- Mittagsbetreuung: 8,5%
- Offene Ganztagsschule: 15,4%
- Gebundene Ganztagsschule: 11,1%

Rund Dreiviertel der befragten Sportvereinsvertreter führt aktuell keine Ganztagsangebote durch. Dies stimmt mit den Ergebnissen der vorherigen Frage überein. Das Modell, im Rahmen dessen von den übrigen rund 25 Prozent am häufigsten Kooperationen stattfinden, ist die Offene Ganztagsschule, gefolgt von der gebundenen Ganztagsschule. Im Rahmen der verlängerten Mittagsbetreuung finden die wenigsten Kooperationen statt.

8. Wie umfangreich ist die Erfahrung Ihres Sportvereins mit Ganztagsangeboten?

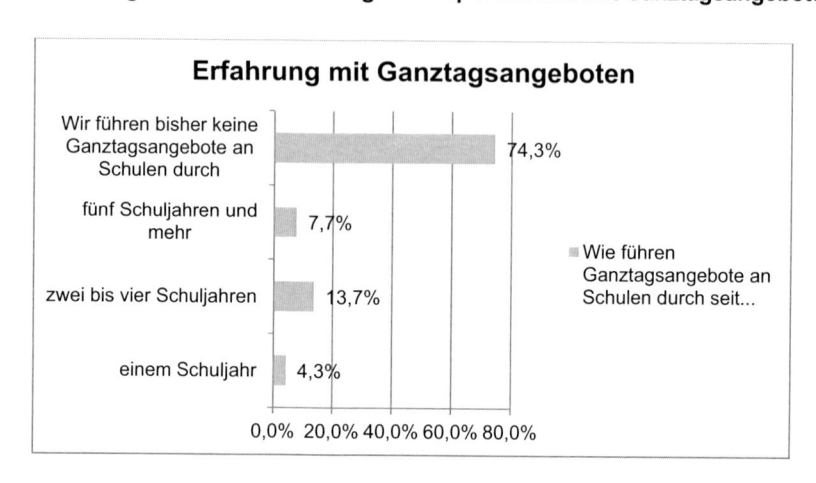

Erfahrung mit Ganztagsangeboten

- Wir führen bisher keine Ganztagsangebote an Schulen durch: 74,3%
- fünf Schuljahren und mehr: 7,7%
- zwei bis vier Schuljahren: 13,7%
- einem Schuljahr: 4,3%

Wie führen Ganztagsangebote an Schulen durch seit...

9. Wer verwaltet das Budget, welches Sie für Ihre Tätigkeit im Rahmen von Ganztagsangeboten an Schulen erhalten?

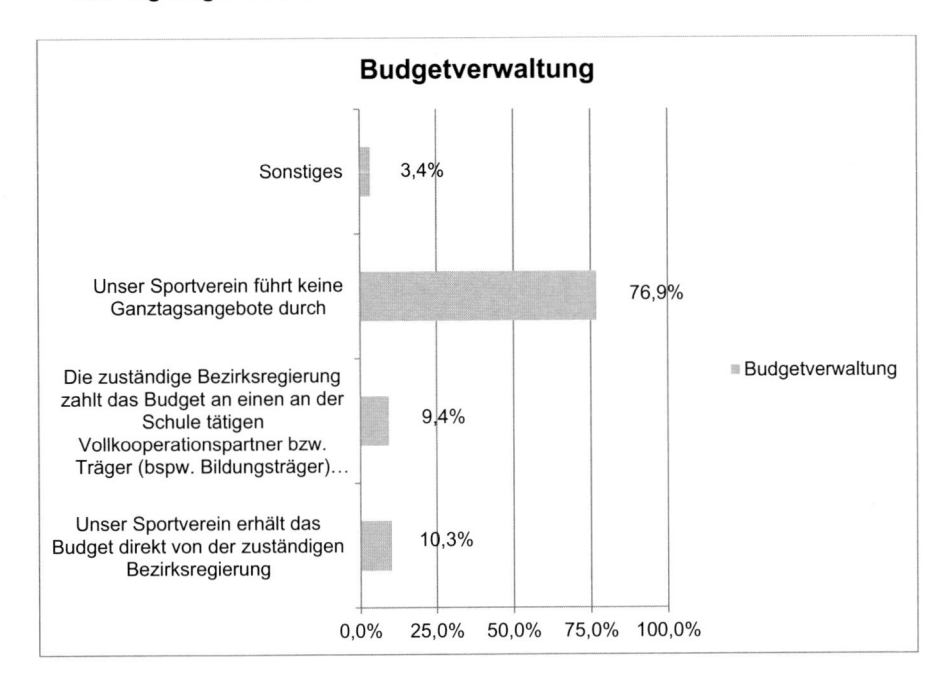

Budgetverwaltung

- Sonstiges: 3,4%
- Unser Sportverein führt keine Ganztagsangebote durch: 76,9%
- Die zuständige Bezirksregierung zahlt das Budget an einen an der Schule tätigen Vollkooperationspartner bzw. Träger (bspw. Bildungsträger)…: 9,4%
- Unser Sportverein erhält das Budget direkt von der zuständigen Bezirksregierung: 10,3%

Rund 10 Prozent der Befragten erhält das Budget direkt von der zuständigen Bezirksregierung (bzw. der LASPO für Sport-nach-1-SAGs), weitere rund 10 Prozent erhalten das Budget wiederum indirekt vom an der Schule tätigen Vollkooperationspartner oder Träger der Ganztagsangebote, welcher es zuvor von der Bezirksregierung erhalten hat. Bei Sonstiges wurde angegeben, dass Kooperationen oft auch unentgeltlich durchgeführt werden.

Bei Frage 10. und 11. werden endpunktbenannte Skalen mit Werten zwischen 1 bis 6 verwendet. Eine jeweilige Erklärung der Skala ist zu Beginn jeder Frage angeführt. Der neutrale Wert liegt somit bei einem Mittelwert von 3,5. Mittelwerte darüber und darunter geben demnach die Tendenz der Befragten wieder, die Höhe des Mittelwertes gibt an, in welchem Ausmaß diese Tendenz vorliegt. Nach der Betrachtung des Mittelwertes aller Befragten erfolgt eine Untersuchung der Ergebnisse mit Hilfe von geeigneten Clustern (z.B. Einwohnerzahl des Einzugsgebietes, Anzahl der Mitglieder, Vereine mit und ohne Freiwilligendienstleistende etc.). Zeigen sich hier signifikante Auffälligkeiten werden diese ebenfalls im Rahmen der folgenden Auswertung aufgeführt und näher betrachtet.

10. Kooperationen mit Schulen können Chancen für Sportvereine mit sich bringen. Wie schätzen Sie diese Chancen für Ihren Sportverein ein?

Bitte bewerten Sie gemäß Schulnotensystem, d.h. "1" gibt bspw. an, dass Sie in diesem Aspekt ein sehr hohes Wirkungspotenzial sehen.

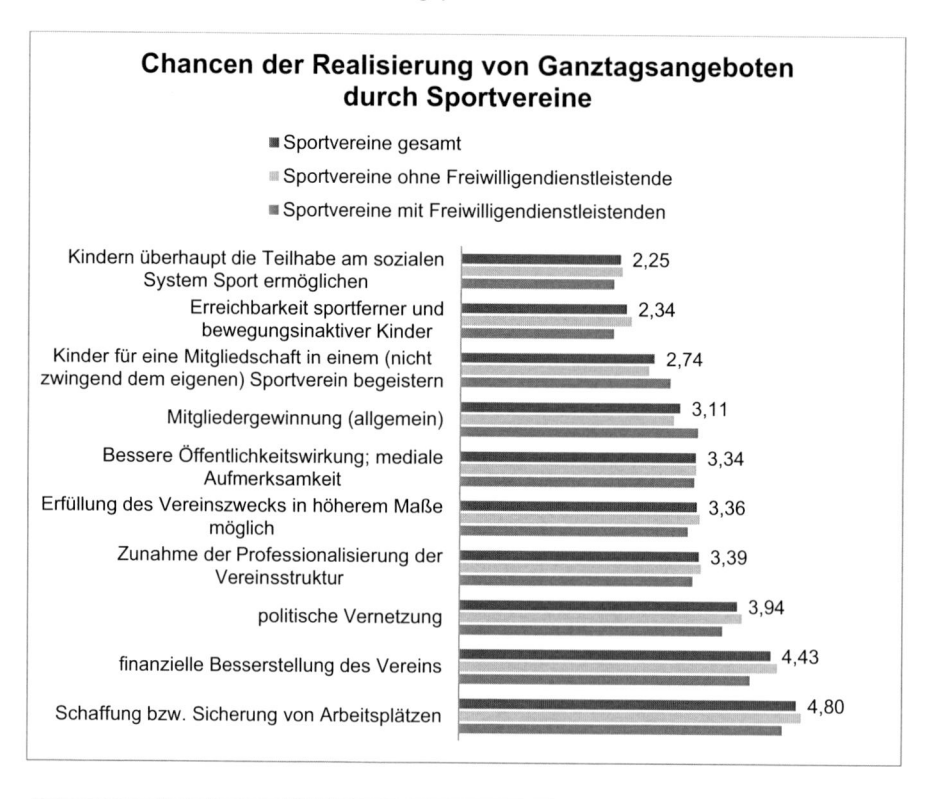

Chancen der Realisierung von Ganztagsangeboten durch Sportvereine

- Sportvereine gesamt
- Sportvereine ohne Freiwilligendienstleistende
- Sportvereine mit Freiwilligendienstleistenden

Aspekt	Wert
Kindern überhaupt die Teilhabe am sozialen System Sport ermöglichen	2,25
Erreichbarkeit sportferner und bewegungsinaktiver Kinder	2,34
Kinder für eine Mitgliedschaft in einem (nicht zwingend dem eigenen) Sportverein begeistern	2,74
Mitgliedergewinnung (allgemein)	3,11
Bessere Öffentlichkeitswirkung; mediale Aufmerksamkeit	3,34
Erfüllung des Vereinszwecks in höherem Maße möglich	3,36
Zunahme der Professionalisierung der Vereinsstruktur	3,39
politische Vernetzung	3,94
finanzielle Besserstellung des Vereins	4,43
Schaffung bzw. Sicherung von Arbeitsplätzen	4,80

Variable	N	Mittelwert	Std Abw	Minimum	Maximum
Mitgliedergewinnung (allgemein)	116	3,11	1,38	1,00	6,00
Kinder für Mitgliedschaft begeistern	115	2,74	1,24	1,00	6,00
Zunahme der Professionalisierung der Vereinsstruktur	116	3,39	1,38	1,00	6,00
Schaffung bzw. Sicherung von Arbeitsplätzen	115	4,80	1,35	1,00	6,00
finanzielle Besserstellung des Vereins	115	4,43	1,40	1,00	6,00
Kindern überhaupt die Teilhabe am sozialen System Sport ermöglichen	117	2,25	1,20	1,00	6,00
Erreichbarkeit sportferner und bewegungsinaktiver Kinder	117	2,34	1,19	1,00	6,00
Erfüllung des Vereinszwecks in höherem Maße möglich	115	3,36	1,45	1,00	6,00
politische Vernetzung	115	3,94	1,56	1,00	6,00
Bessere Öffentlichkeitswirkung; mediale Aufmerksamkeit	116	3,34	1,45	1,00	6,00

Als große Chance wird seitens der Sportvereinsvertreter die Möglichkeit angesehen, allen Kindern die Teilhabe am sozialen System Sport zu ermöglichen und mit den Angeboten auch sportferne Kinder zu erreichen. So wird beispielsweise Kindern aus sozial schwachen Familien oder Familien mit Migrationshintergrund die Teilnahme an regelmäßigen Bewegungsangeboten ermöglicht, was ihnen andernfalls unter Umständen verwehrt bliebe. Eine weitere Chance besteht darin, auch sportferne Kinder, welche sonst nicht im Sportverein aktiv sind, durch Ganztagsangebote an Sport und Bewegung heranzuführen und sie bestenfalls dafür zu begeistern, da – wie beim Schulsport – in der Regel alle Kinder an den Bewegungsangeboten teilnehmen müssen. Somit kann, wie von den Teilnehmern der Befragung richtig erkannt, der Vereinszweck „Sport" in höherem Maße erfüllt werden. Mitgliedergewinnung durch Ganztagsangebote als eine große Chance anzusehen ist hingegen kritisch zu betrachten. Zunächst ist festzustellen, dass hier zur möglichen Zielgruppe nicht nur Schulkinder, sondern beispielsweise auch deren Eltern zählen. Jedoch kann davon ausgegangen werden, dass durch Ganztagsangebote zwar viele Kinder erreicht werden, dies sich jedoch nicht zwingend in steigenden Mitgliederzahlen im eigenen Verein wiederspiegeln muss. Dies ist auch abhängig davon, welche Angebote im eigenen Verein existieren. Werden Sportarten wie beispielsweise Hockey, welche die Kinder im Rahmen von Ganztagsangeboten kennenlernen und für die sie sich begeistern können, nicht im eigenen Sportverein durchgeführt, können die Schulkinder zwar unter Umständen generell für eine Mitgliedschaft in einem Sportverein begeistert werden, jedoch eben nicht zwangsläufig in jenem, welcher die Ganztagsangebote durchführt. Eine im ISB durchgeführte Langzeitstudie gibt eindeutige Hinweise darauf, dass Kinder, welche regelmäßig an Ganztagsangeboten teilnehmen, insbesondere bei nicht gebundenen Ganztagsmodellen in der Primarstufe auch in höherem Maße Mitgliedschaften in Sportvereinen vorweisen können. Und auch insgesamt liefert die Studie eindeutige Hinweise darauf, dass sich die Teilnahme an Ganztagsangeboten grundsätzlich nicht hinderlich auf den organisierten Sport auswirkt (vgl. Karin Eberle (2013), „Bewegte Ganztagsschule" – wirksame Gesundheitsförderung?). So wird auch von den Teilnehmen der Befragung von Sportvereinsvertretern der Aspekt „Kinder für die Mitgliedschaft in einem (nicht zwingend dem eigenen) Sportverein begeistern" als sehr große Chance angesehen. „Bessere Öffentlichkeitswirkung; mediale Aufmerksamkeit", „Erfüllung des Vereinszwecks in höherem Maße möglich" sowie „Zunahme der Professionalisierung der Vereinsstruktur" werden im Gegensatz zu den zuvor genannten Items weniger eindeutig als Chance eingestuft, eine positive Tendenz liegt hier aber dennoch vor (Mittelwert < 3,5). In geringstem Maße als Chance eingestuft wird von den Befragten der Aspekt Schaffung bzw. Erhaltung von Arbeitsplätzen. An dieser Stelle ist zu unterstellen, dass den Befragten Gestaltungsmöglichkeiten von Ganztagsangeboten durch Sportvereine nicht in vollem Umfang bekannt sind. Vor dem Hintergrund, dass die Befragten davon auszugehen scheinen, dass für die Durchführung von Ganztagsangeboten nur ein äußerst geringes Budget vorhanden ist (vgl. Vergütung Sport-nach-1-SAG), welches keinesfalls für eine angemessene Bezahlung von Übungsleitern ausreicht, sondern vielmehr ehrenamtliches Engagement erfordert, ist diese Bewertung jedoch nachzuvollziehen. Hier wird entsprechend auch eine Erklärung für die eher mittelmäßige Bewertung der Chance der Zunahme der Professionalisierung der Vereinsstruktur geliefert. Nachdem beispielsweise nicht bekannt ist, dass die Realisierung von Ganztagsangeboten auch hauptamtliche Beschäftigungsverhältnisse im Sportverein mit sich bringen kann, wird auch kaum Professionalisierung erwartet. Eine finanzielle Besserstellung wird hingegen realistischer Weise ebenfalls kaum erwartet. Das vom Freistaat Bayern zur Verfügung gestellte Budget fließt in den Personalaufwand. Nicht verwendete Zuschüsse müssen zurückgezahlt werden. Überspitzt gesagt wird ein Sportverein im Zuge der Realisierung von Ganztagsangeboten nicht „reich", ihm bieten bei der richtigen strukturellen Gestaltung jedoch, wie bereits beschrieben, erhebliche Vorteile und Chancen insbesondere für die eigene Vereinsentwicklung.

Betrachtet man die Auswertung dieser Ergebnisse differenziert nach der Einwohneranzahl des Einzugsgebietes näher, so zeigen sich insbesondere Auffälligkeiten bei den Extremen „weniger als 1000 Einwohner" und „mehr als 100.000" Einwohner. Zu beachten ist, dass der Stichprobenumfang beider Cluster sehr gering ist. Dennoch wird deutlich, dass beide Gruppen eine Vielzahl der genannten Aspekte deutlich kritischer einstufen, als die übrigen Gruppen.

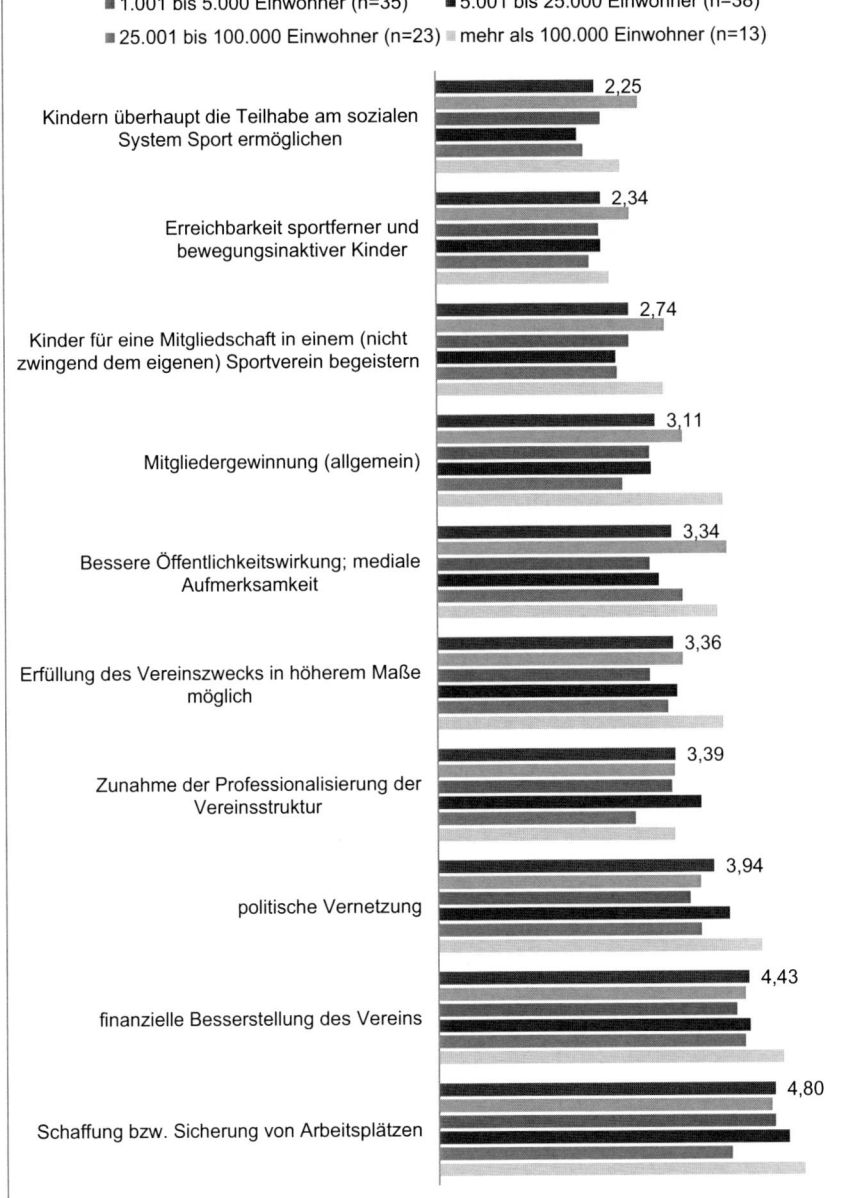

Chancen der Realisierung von Ganztagsangeboten durch Sportvereine (differenziert nach der Einwohneranzahl des Einzugsgebietes)

- gesamt (n=117)
- weniger als 1.000 Einwohner (n=8)
- 1.001 bis 5.000 Einwohner (n=35)
- 5.001 bis 25.000 Einwohner (n=38)
- 25.001 bis 100.000 Einwohner (n=23)
- mehr als 100.000 Einwohner (n=13)

Aussage	Wert
Kindern überhaupt die Teilhabe am sozialen System Sport ermöglichen	2,25
Erreichbarkeit sportferner und bewegungsinaktiver Kinder	2,34
Kinder für eine Mitgliedschaft in einem (nicht zwingend dem eigenen) Sportverein begeistern	2,74
Mitgliedergewinnung (allgemein)	3,11
Bessere Öffentlichkeitswirkung; mediale Aufmerksamkeit	3,34
Erfüllung des Vereinszwecks in höherem Maße möglich	3,36
Zunahme der Professionalisierung der Vereinsstruktur	3,39
politische Vernetzung	3,94
finanzielle Besserstellung des Vereins	4,43
Schaffung bzw. Sicherung von Arbeitsplätzen	4,80

11. In welchem Ausmaß sehen Sie folgende Befürchtungen als Hinderungsgrund für das Zustandekommen einer (funktionierenden) Kooperation zwischen einer Schule und Ihrem Sportverein im Rahmen von Ganztagsangeboten?

"1" entspricht "hier liegt ein sehr großer Hinderungsgrund für unseren Sportverein vor", "6" entspricht "Hier liegt kein Hinderungsgrund für unseren Sportverein vor" usw.

Problematiken und Hemmnisse bei der Realisierung von Ganztagsangeboten durch Sportvereine

- Sportvereine gesamt
- Sportvereine ohne Freiwilligendienstleistende
- Sportvereine mit Freiwilligendienstleistenden

Problematik/Hemmnis	Wert
Vertragliche Abhängigkeit	2,58
Finanzbedarf für das Ganztagsangebot übersteigt das vom Freistaat und Sachaufwandsträger zur Verfügung gestellte Budget	2,68
sinkende Teilhabe von Kindern im eigenen Sportverein durch längere Bindung der Kinder am Nachmittag in der Ganztagsschule	2,84
Mangelnde Liquidität	3,02
zu hoher Verwaltungsaufwand	3,05
zu hohe gesetzliche Anforderungen	3,05
Weniger verfügbare Belegungszeiten von Sportstätten am Nachmittag und Abend	3,28
für die Durchführung des Ganztagsangebotes sind nicht genügend Belegzeiten für Sportstätten verfügbar	3,36
zu hohe Anforderungen an die Qualifikation des Personals	3,43
Sportverein ist nicht in der Lage, als Bildungspartner auf Augenhöhe zu kooperieren	3,54
zu hohe Anforderungen an die strukturelle Gestaltung des Angebots seitens der Schule	3,56
Erwartungen an die Qualität des Angebots aus Sicht der Schule können seitens des Vereins nicht erfüllt werden	3,60
Schule ist nicht bereit eine "Kooperation auf Augenhöhe" zu führen	3,71
Demographischer Wandel	3,78
Führungskräfte des Vereins sind nicht in der Lage, Mitarbeiter (insb. Freiwilligendienstleistende) anzuleiten	3,78
Erwartungen an die Wirksamkeit des Angebots aus Sicht der Schule können seitens des Vereins nicht erfüllt werden	3,78
Seitens der Schule werden möglicherweise zunehmend mehr Leistungen verlangt, als vertraglich vereinbart	3,91
Freistellung von der Körperschaftssteuer (Gemeinnützigkeit) wird gefährdet	4,08
transparente Veröffentlichung vereinsinterner Informationen (z.B. Geschäftsberichte, Jahresrechnungen, Satzungen)	4,19

Variable	N	Mittelwert	Std Abw	Minimum	Maximum
Schule ist nicht bereit eine "Kooperation auf Augenhöhe" zu führen	112	3,71	1,56	1,00	6,00
Sportverein ist nicht in der Lage, als Bildungspartner auf Augenhöhe zu kooperieren	114	3,54	1,60	1,00	6,00
zu hohe Anforderungen an die strukturelle Gestaltung des Angebots seitens der Schule	111	3,56	1,40	1,00	6,00
zu hohe gesetzliche Anforderungen z.B. in Hinblick auf Sozialversicherungs- und Lohnsteuerverwaltung und -abführung, Arbeitssicherheit, Datenschutz und Betriebsverfassung (bspw. Betriebsrat)	111	3,05	1,68	1,00	6,00
transparente Veröffentlichung vereinsinterner Informationen (z.B. Geschäftsberichte, Jahresrechnungen, Satzungen)	108	4,19	1,45	1,00	6,00
seitens der Schule werden möglicherweise zunehmend mehr Leistungen verlangt, als vertraglich vereinbart	110	3,91	1,49	1,00	6,00
zu hohe Anforderungen an die Qualifikation des Personals	109	3,43	1,64	1,00	6,00
für die Durchführung des Ganztagsangebotes sind nicht genügend Belegzeiten für Sportstätten verfügbar	111	3,36	1,78	1,00	6,00
Finanzbedarf für das Ganztagsangebot übersteigt das vom Freistaat und Sachaufwandsträger zur Verfügung gestellte Budget	107	2,68	1,60	1,00	6,00
Erwartungen an die Qualität des Angebots aus Sicht der Schule können seitens des Vereins nicht erfüllt werden	110	3,60	1,58	1,00	6,00
Erwartungen an die Wirksamkeit des Angebots aus Sicht der Schule können seitens des Vereins nicht erfüllt werden	72	3,78	1,51	1,00	6,00
Führungskräfte des Vereins sind nicht in der Lage, Mitarbeiter (insb. Freiwilligendienstleistende) anzuleiten	112	3,78	1,59	1,00	6,00
sinkende Teilhabe von Kindern im eigenen Sportverein durch längere Bindung der Kinder am Nachmittag in der Ganztagsschule	110	2,84	1,63	1,00	6,00
Weniger verfügbare Belegungszeiten von Sportstätten am Nachmittag und Abend	112	3,28	1,69	1,00	6,00
Freistellung von der Körperschaftsteuer (Gemeinnützigkeit) wird gefährdet	108	4,08	1,64	1,00	6,00
Verwaltung eines derartigen Projektes beansprucht Ressourcen des Vereins in einem so gefährlich hohen Maße, dass anderen Bereichen des Vereins nicht mehr ausreichend Aufmerksamkeit geschenkt wird	111	3,05	1,58	1,00	6,00
Mangelnde Liquidität: Wir können es uns gar nicht leisten, Löhne/Entgelte an die eingesetzten Mitarbeiter so lange im Voraus zu entrichten, bis wir die vertraglich vereinbarte Pauschalvergütung vob unserem Auftraggeber (bspw. Freistaat Bayern) erhalten	111	3,02	1,77	1,00	6,00
Vertragliche Abhängigkeit: Wir möchten nicht Personal in Beschäftigungsverhältnissen vertraglich anstellen, ohne zum selben Zeitpunkt die Sicherheit zu haben, ob unsere Maßnahme überhaupt finanziell (weiter) gefördert wird	109	2,58	1,70	1,00	6,00
Demographischer Wandel: Wir können uns nicht sicher sein, dass die Schule, an der wir uns mit beachtlichem Personalaufwand engagieren, überhaupt die nächsten zehn Jahre weiter existiert	111	3,78	1,74	1,00	6,00

Transparenz und die potenzielle Gefahr des Verlustes der Gemeinnützigkeit, was erhebliche Steuernachzahlungen (Körperschaftssteuer) mit sich bringen würde, werden in geringstem Ausmaß als Hemmnis für die Realisierung von Ganztagsangeboten angesehen. Allerdings gilt insbesondere in Bezug auf die Gemeinnützigkeit, dass hier mit zunehmendem Wachstum und Entwicklung eines Vereins, beispielsweise durch die Beschäftigung von hauptamtlichem Personal, auch vermehrt Gefahrenquellen entstehen können. Eine besonders gewissenhafte Vereinsführung ist daher in solch einem Fall unabdingbar. Des Weiteren scheint es keine Befürchtungen zu geben, dass Schulen nicht bereit wären, auf Augenhöhe zu kooperieren oder mehr Leistungen als vertraglich vereinbart verlangen würden. In der Realität zeigt sich aber besonders im letztgenannten Punkt Gefahrenpotenzial. Stimmt man einmaligen zusätzlichen Leistungen unbedacht immer wieder zu, kann dies seitens der Schule zu einer Selbstverständlichkeit werden. Auch scheint tendenziell eher nicht befürchtet zu werden, dass der eigene Sportverein nicht in der Lage wäre, eine Kooperation auf Augenhöhe mit der Schule zu führen. Als ein mögliches Hemmnis werden hier zu hohe Anforderungen an die Qualifikation des Personals identifiziert (Mittelwert kleiner als der neutrale Wert 3,5). Diese Anforderungen müssen vom Schulleiter festgelegt werden, hierzu gibt es also keine allgemein gültigen Regelungen. Dennoch sollten generell gewisse Mindestanforderungen, wie beispielsweise

Übungsleiterlizenz, eingehalten werden, um die Qualität des Angebots zu sichern. Diese Befürchtung resultiert vermutlich aus der Erfahrung, dass für Bewegungsangebote am Nachmittag generell nur schwer geeignetes Personal gefunden werden kann, welches die Tätigkeit gegen sehr geringe Bezahlung ausführt. Gäbe es hier zusätzlich hohe Anforderungen an die Qualifikation des Personals, würde sich diese Lage zusätzlich verschärfen. Hier gilt es folglich die strukturelle Gestaltung des Angebots entsprechend anzupassen. Eine weitere Befürchtung liegt in der mangelnden Verfügbarkeit von Sportstätten, sowohl für eigene Vereinsangebote als auch für Ganztagsangebote. Hier müssen geeignete Kompromisse gefunden werden, um Angebote beider Art nicht zu benachteiligen. Für Ganztagsangebote könnte beispielsweise teilweise auf informelle Sportgelegenheiten ausgewichen werden, um so den Bedarf nach Sportplätzen und Turnhallen zu senken. Auffällig ist, dass die Sportstättenproblematik bei Sportvereinen ohne als deutlich höheres Risiko eingestuft wird, als bei Sportvereinen mit Freiwilligendienstleistenden. Vor dem Hintergrund, dass Sportvereine mit Freiwilligendienstleistenden in größerem Umfang mit Schulen kooperieren (vgl. Frage 5), zeigen sich hier Hinweise darauf, dass Kooperationen mit Schulen helfen, Sportstättenkapazitäten zu sichern. Ein weiteres Hemmnis stellt der möglicherweise zu hohe Verwaltungsaufwand dar. Insbesondere im Hinblick auf die meist von Ehrenamt geprägten Vereinsstrukturen liegen in diesem Aspekt große Herausforderungen. Um diese zu bewältigen ist Wissen notwendig, um zu verhindern, dass im Zuge der Realisierung von Ganztagsangeboten anderen Bereichen im Verein zu wenig Beachtung geschenkt wird. Ebenso verhält es sich mit gesetzlichen Anforderungen. Hier muss ausreichend Knowhow vorliegen, um diese Anforderungen an beispielsweise Sozialversicherungs- und Lohnsteuerverwaltung sowie Arbeitssicherheit, Datenschutz und Betriebsverfassung einhalten zu können. Ein weiteres großes Problem stellt die mangelnde Liquidität dar. Angestelltes Personal muss regelmäßig Gehalt bzw. Lohn erhalten. Die Zuschüsse seitens des Freistaates werden zu Schuljahresbeginn erst ausgezahlt, jedoch nur anteilig für das erste Schulhalbjahr und nachdem die ersten monatlichen Entgelte bereits fällig gewesen wären. In der Ökonomie spricht man hier von „cashflow gap", also einer Finanzierungslücke, die es zu überbrücken gilt. Für viele Vereine stellt dies jedoch eine große Herausforderung dar. Für die Widerlegung der Befürchtung, Schulkinder, welche an Ganztagsangeboten teilnehmen, würden in geringerem Maße in Sportvereinen partizipieren, wurden bei der Beantwortung der vorhergehenden Frage bereits deutliche Hinweise geliefert. Vielmehr führen bewegungsorientierte Ganztagsangebote dieser These entsprechend zu einer erhöhten Rekrutierungsquote in Sportvereinen und stellen demnach eher eine Chance als ein Risiko dar. Weiterhin bestehen große Befürchtungen dahingehend, dass die vom Freistaat zur Verfügung gestellten finanziellen Mittel den Finanzbedarf für die Durchführung von Ganztagsangeboten nicht decken würden. Vor dem Hintergrund, dass die Befragten hier zum Großteil davon ausgehen, dass ihnen kaum finanzielle Mittel zur Verfügung stünden, ist diese Einschätzung nachvollziehbar. Statt Kooperationen nur in geringem Umfang durchzuführen bietet die Übernahme von Vollkooperationen oder Trägerschaften solcher Angebote, zwar immer noch begrenzte, jedoch weitaus größere finanzielle Möglichkeiten, als es beispielsweise eine Sport-nach-1-SAG tun würde. Das größte Problem stellt aus Sicht der Befragten die vertragliche Abhängigkeit dar. Das bedeutet, Personal muss vertraglich angestellt werden, bevor der Kooperationspartner vom Freistaat Bayern überhaupt die Zusage für die Realisierung bzw. die Weiterführung eines Ganztagsangebotes erhält. Verschärft wird diese Problemlage durch eine neue Regelung des Kultusministeriums: Bereits bei Antragsstellung für das darauf folgende Schuljahr, also im Zeitraum Mai/Juni, muss das Personal für das kommende Schuljahr verbindlich benannt werden. Entsprechend muss in diesem Zeitraum neues Personal akquiriert werden, ohne dass seitens des Freistaates vertraglich sichergestellt ist, ob dieses Ganztagsangebot überhaupt durchgeführt werden darf.

Differenziert man die Auswertung zusätzlich nach der Anzahl an Mitglieder zeigt sich eine sehr deutliche Auffälligkeit: große Sportvereine mit über 1000 Mitgliedern stufen nahezu alle Aspekte in geringerem Ausmaß als Hemmnis ein, als Vereine mit weniger als 1000 Mitgliedern. An dieser Stelle ist demnach die These aufzustellen, dass große Sportvereine, wohl aufgrund professionellerer Strukturen, derzeit besser in der Lage sind, Lösungsstrategien für die genannten Herausforderungen zu finden und dadurch tragfähige Kooperationen mit Schulen umzusetzen. Lediglich im Hinblick auf Befürchtungen, welche die sinkendende Teilhabe von Kindern im eigenen Sportverein und die Verfügbarkeit von Sportstätten für Ganztagsangebote betreffen, zeigen sich kaum Unterschiede zu den Sportvereinen mit weniger als 1000 Mitgliedern.

Problematiken und Hemmnisse bei der Realisierung von Ganztagsangeboten durch Sportvereine (differenziert nach der Anzahl an Mitgliedern)

- Sportvereine gesamt (n=117)
- weniger als 100 Mitglieder (n=10)
- zwischen 100 und 500 Mitgliedern (n=40)
- zwischen 500 und 1000 Mitgliedern (n=31)
- über 1000 Mitglieder (n=36)

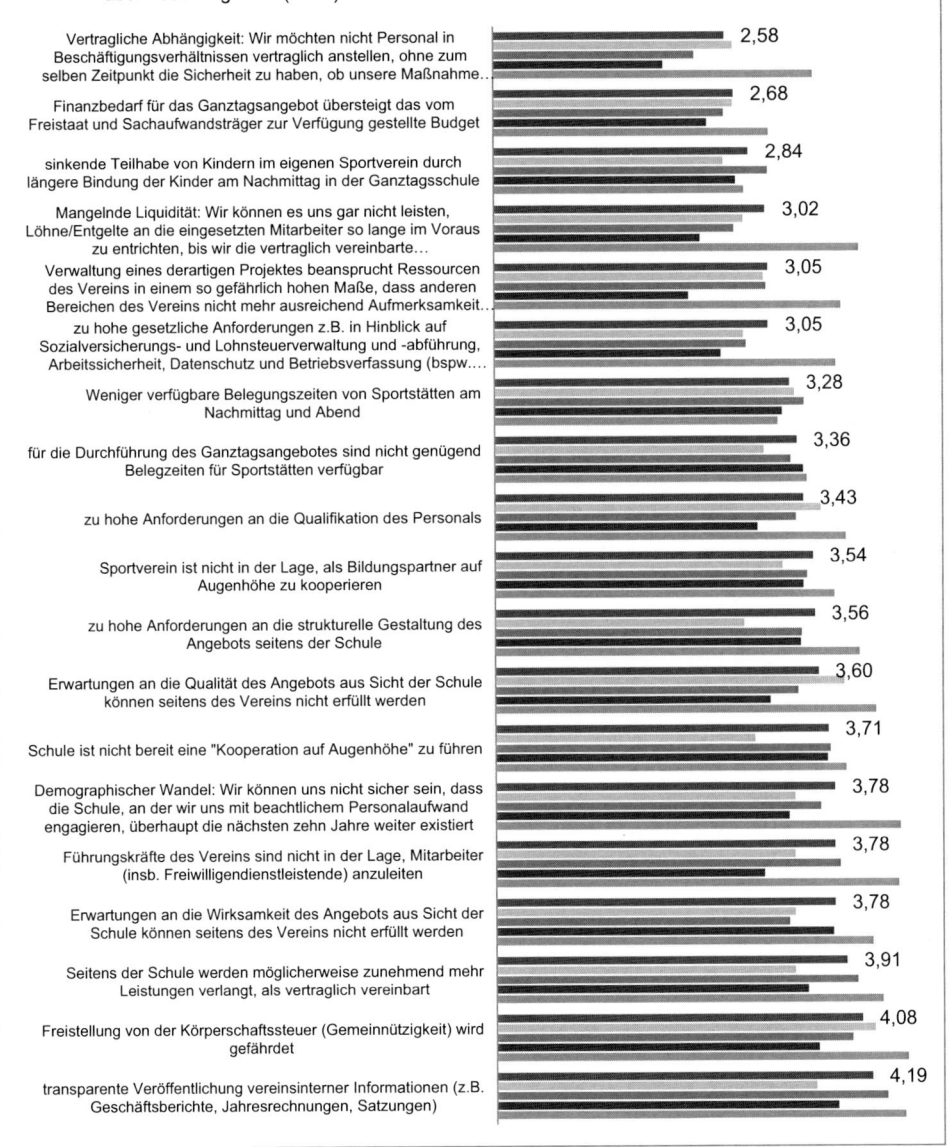

Problematik/Hemmnis	Wert
Vertragliche Abhängigkeit: Wir möchten nicht Personal in Beschäftigungsverhältnissen vertraglich anstellen, ohne zum selben Zeitpunkt die Sicherheit zu haben, ob unsere Maßnahme...	2,58
Finanzbedarf für das Ganztagsangebot übersteigt das vom Freistaat und Sachaufwandsträger zur Verfügung gestellte Budget	2,68
sinkende Teilhabe von Kindern im eigenen Sportverein durch längere Bindung der Kinder am Nachmittag in der Ganztagsschule	2,84
Mangelnde Liquidität: Wir können es uns gar nicht leisten, Löhne/Entgelte an die eingesetzten Mitarbeiter so lange im Voraus zu entrichten, bis wir die vertraglich vereinbarte...	3,02
Verwaltung eines derartigen Projektes beansprucht Ressourcen des Vereins in einem so gefährlich hohen Maße, dass anderen Bereichen des Vereins nicht mehr ausreichend Aufmerksamkeit...	3,05
zu hohe gesetzliche Anforderungen z.B. in Hinblick auf Sozialversicherungs- und Lohnsteuerverwaltung und -abführung, Arbeitssicherheit, Datenschutz und Betriebsverfassung (bspw....	3,05
Weniger verfügbare Belegungszeiten von Sportstätten am Nachmittag und Abend	3,28
für die Durchführung des Ganztagsangebotes sind nicht genügend Belegzeiten für Sportstätten verfügbar	3,36
zu hohe Anforderungen an die Qualifikation des Personals	3,43
Sportverein ist nicht in der Lage, als Bildungspartner auf Augenhöhe zu kooperieren	3,54
zu hohe Anforderungen an die strukturelle Gestaltung des Angebots seitens der Schule	3,56
Erwartungen an die Qualität des Angebots aus Sicht der Schule können seitens des Vereins nicht erfüllt werden	3,60
Schule ist nicht bereit eine "Kooperation auf Augenhöhe" zu führen	3,71
Demographischer Wandel: Wir können uns nicht sicher sein, dass die Schule, an der wir uns mit beachtlichem Personalaufwand engagieren, überhaupt die nächsten zehn Jahre weiter existiert	3,78
Führungskräfte des Vereins sind nicht in der Lage, Mitarbeiter (insb. Freiwilligendienstleistende) anzuleiten	3,78
Erwartungen an die Wirksamkeit des Angebots aus Sicht der Schule können seitens des Vereins nicht erfüllt werden	3,78
Seitens der Schule werden möglicherweise zunehmend mehr Leistungen verlangt, als vertraglich vereinbart	3,91
Freistellung von der Körperschaftssteuer (Gemeinnützigkeit) wird gefährdet	4,08
transparente Veröffentlichung vereinsinterner Informationen (z.B. Geschäftsberichte, Jahresrechnungen, Satzungen)	4,19

12. Überwiegen aus Ihrer Sicht Chancen oder Risiken bei der Kooperation zwischen Sportvereinen und Schulen im Rahmen von Ganztagsschulangeboten?

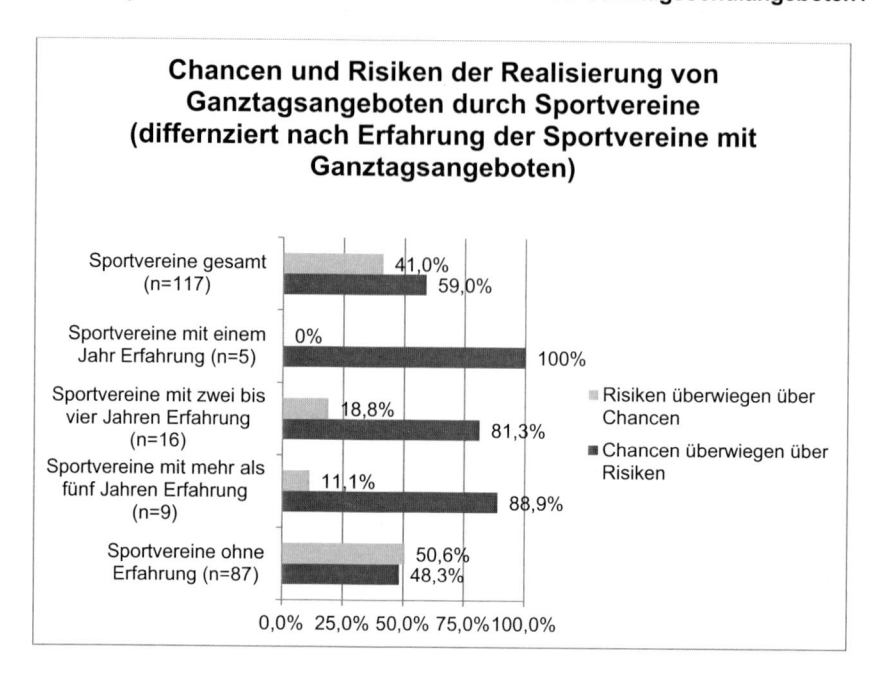

Chancen und Risiken der Realisierung von Ganztagsangeboten durch Sportvereine (differnziert nach Erfahrung der Sportvereine mit Ganztagsangeboten)

Sportvereine	Risiken überwiegen über Chancen	Chancen überwiegen über Risiken
Sportvereine gesamt (n=117)	41,0%	59,0%
Sportvereine mit einem Jahr Erfahrung (n=5)	0%	100%
Sportvereine mit zwei bis vier Jahren Erfahrung (n=16)	18,8%	81,3%
Sportvereine mit mehr als fünf Jahren Erfahrung (n=9)	11,1%	88,9%
Sportvereine ohne Erfahrung (n=87)	50,6%	48,3%

Knapp 60 Prozent der Befragten geben an, dass aus ihrer Sicht Chancen von Ganztagsangeboten durch Sportvereine gegenüber Risiken überwiegen. 40 Prozent hingegen sind anderer Meinung und geben an, dass Risiken größer als Chancen sind. Interessante Ergebnisse liefert eine Differenzierung der Antworten nach Erfahrung der Sportvereine mit Ganztagsangeboten: Aus Sicht der Sportvereinsvertreter mit Erfahrung in der Durchführung von Ganztagsangeboten überwiegen sehr eindeutig Chancen über Risiken. Sportvereinsvertreter ohne Erfahrung mit schulischem Ganztag hingegen geben hier eine geteilte Meinung ab, wobei die Meinung, Risiken würden gegenüber Chancen überwiegen, sogar noch etwas häufiger vertreten ist. Sportvereine mit Erfahrung mit Ganztagsangeboten haben demnach eine deutlich positivere Einstellung gegenüber Ganztagsschulen als Sportvereine ohne Erfahrung.

13. In welchem Ausmaß sehen Sie Ganztagsschulen als Bedrohung für Sportvereine an?

Auf einer Skala von eins bis sechs, wobei eins für keine Bedrohung und sechs für sehr große Bedrohung steht, liegt der Mittelwert für die Beantwortung dieser Frage bei 3,35 bei einer Standardabweichung von 1,68. Somit liegt dieser Wert ungefähr im neutralen Bereich, jedoch mit leichter Tendenz zu keiner Bedrohung. Ebenso wie bei der vorhergehenden Frage sind die Befragten hier also geteilter Meinung, was die Bedrohung für Sportvereine durch Ganztagsschulen angeht.

14. Sind Sie der Meinung, dass ein qualifiziertes Beratungsangebot, das sich an Vereine und Schulen richtet, generell hilft, um Kooperationen zwischen Sportvereinen und Schulen strukturell zu unterstützen?

"1" = hier halte ich eine Wirkung für in hohem Maße möglich, "6" = hier halte ich eine Wirkung für nicht möglich usw.

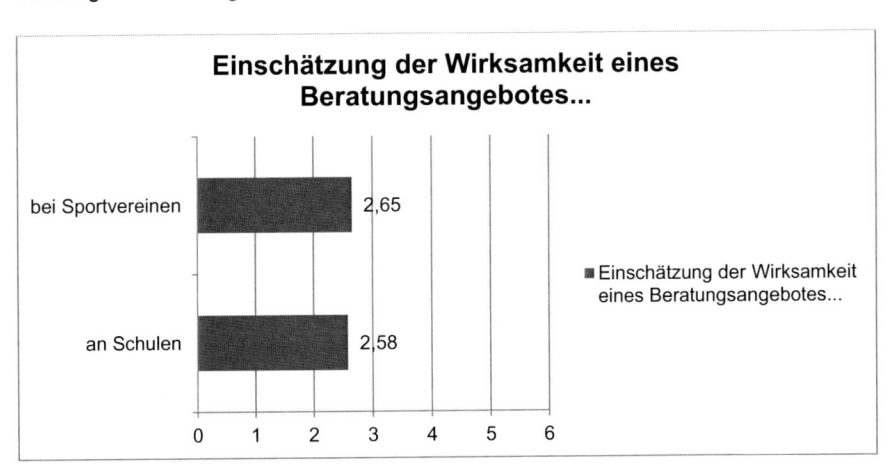

Einschätzung der Wirksamkeit eines Beratungsangebotes...

	Wert
bei Sportvereinen	2,65
an Schulen	2,58

Die befragten Sportvereinsvertreter halten Wirkung eines Beratungsangebotes bei Schulen und Sportvereinen ungefähr im selben Ausmaß für möglich.

15. Wer würde aus Ihrer Sicht mehr von einem solchen Beratungsangebot profitieren?

Zwar wird angegeben, dass ein Beratungsangebot generell sowohl Sportvereinen als auch Schulen helfen würde, davon profitieren würden aus Sicht der Befragten jedoch in größerem Ausmaß Schulen. Nur 30 Prozent geben an, dass Sportvereine von solch einem Beratungsangebot mehr profitieren würden.

16. Würde Ihr Verein ein solches Beratungsangebot prinzipiell in Anspruch nehmen wollen?

73,5 Prozent der Sportvereinsvertreter geben an, dass ihr Verein ein solches Beratungsangebot grundsätzlich in Anspruch nehmen würde. 26,5 Prozent schließen dies von vorherein aus.

17. Wäre Ihr Verein bereit, für ein solches Beratungsangebot eigene finanzielle Mittel einzusetzen?

Bereit eigene finanzielle Mittel einzusetzen wären nur rund 12 Prozent der 117 befragten Sportvereine. 88 Prozent würden für ein Beratungsangebot keine eigenen finanziellen Mittel einsetzen wollen.

18. Was erwarten Sie sich von einer solchen Beratung konkret? Welche Hilfestellungen für das Zustandekommen von Ganztagsschulkooperationen sind aus Ihrer Sicht notwendig?

"externer Kooperationspartner/Träger" könnte bspw. Ihr Sportverein sein; "1" = in hohem Maße erforderlich, "6" = überhaupt nicht erforderlich usw.

Wie auch die bisherigen Ergebnisse vermuten lassen, sehen Sportvereine die größten Bedarfe für Hilfestellungen im Bereich der rechtlich-strukturellen Beratung für externe Kooperationspartner, gefolgt von ökonomischer Beratung sowie inhaltlich-pädagogischer Beratung für Sportvereine. Bedarfe für die Beratung von Schulen werden aus Sicht der Sportvereinsvertreter weniger gesehen.

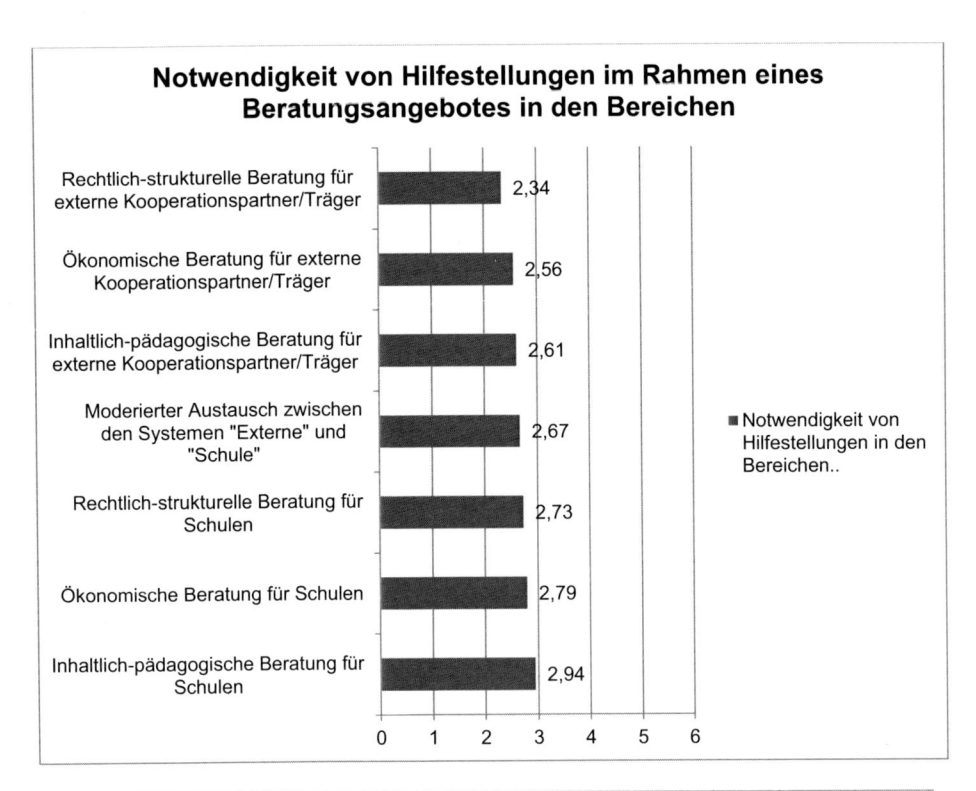

Notwendigkeit von Hilfestellungen im Rahmen eines Beratungsangebotes in den Bereichen

- Rechtlich-strukturelle Beratung für externe Kooperationspartner/Träger: 2,34
- Ökonomische Beratung für externe Kooperationspartner/Träger: 2,56
- Inhaltlich-pädagogische Beratung für externe Kooperationspartner/Träger: 2,61
- Moderierter Austausch zwischen den Systemen "Externe" und "Schule": 2,67
- Rechtlich-strukturelle Beratung für Schulen: 2,73
- Ökonomische Beratung für Schulen: 2,79
- Inhaltlich-pädagogische Beratung für Schulen: 2,94

■ Notwendigkeit von Hilfestellungen in den Bereichen..

Variable	N	Mittelwert	Std Abw	Minimum	Maximum
Inhaltlich-pädagogische Beratung für externe Kooperationspartner/Träger	114	2,61	1,22	1,00	6,00
Ökonomische Beratung für externe Kooperationspartner/Träger	114	2,56	1,32	1,00	6,00
Rechtlich-strukturelle Beratung für externe Kooperationspartner/Träger	115	2,34	1,27	1,00	6,00
Moderierter Austausch zwischen den Systemen "Externe" und "Schule"	115	2,67	1,25	1,00	6,00
Rechtlich-strukturelle Beratung für Schulen	113	2,73	1,34	1,00	6,00
Ökonomische Beratung für Schulen	112	2,79	1,32	1,00	6,00
Inhaltlich-pädagogische Beratung für Schulen	112	2,94	1,26	1,00	6,00

19. Haben Sie sonstige Anregungen?

Sportverein 1:

Es sollten von politischer Seite viel mehr hauptamtliche Trainer bei den Sportvereinen unterstützt werden. Mit ehrenamtlichen Trainern ist es nicht möglich dauerhaft eine Kooperation Schule/Verein aufrecht zu erhalten.

Sportverein 2:

Kooperationsverträge bringen u.U. die Schwierigkeit der Ersatzgestellung z.B. eines erkrankten FSJ'lers mit sich. Es ist verständlich, die Stunden werden von der Regierung gezahlt und die Schule besteht auf Ersatz, wenn aber der Rest des Vereines aus lauter ehrenamtlichen Helfern besteht ist das u.U. schwer leistbar. Es wäre eine spürbare Erleichterung, wenn es hier einen kleinen Spielraum gäbe, z.b. bis so und so viel Stunden ohne Ersatzgestellung möglich wäre.

Vor zwei Jahren hatten wir kein Problem, unser FSJ-ler war keinen Tag krank. Im laufenden FSJ hatten wir eine Handverletzung als Grund. Im Großen und Ganzen sind die FSJ'ler nicht krank.

Sportverein 3:

Die Vereine haben doch schon große Probleme, Übungsleiter zu finden, die nach Feierabend sich Zeit nehmen um junge Mitglieder zu betreuen. Wie sollen wir denn da Leute finden, die nachmittags Zeit haben. Junge Mütter wollen doch so schnell es geht wieder in die Arbeit gehen - und sei es auch nur in Teilzeit.

Ich denke, diese Idee dient einzig und allein dem Zweck, dem Freistaat Bayern Geld zu sparen, indem er keine qualifizierten und gut ausgebildeten Sportlehrer einstellen muss, sondern die Aufgabe auf die Sportvereine abwälzt.

Ich finde es so was von traurig, dass das Thema "Outsourcing" nun auch in den Schulen Einzug hält.

Jeder sagt, unsere Kinder seien unser höchstes Gut - da lache ich doch!

Sportverein 4:

Wir haben bereits mit einem Kindergarten eine Kooperation durchgeführt. Hauptproblem ist u.a., geeignete Übungsleiter zu finden. Die "Heerschar" derjenigen, die sich ehrenamtlich in einem Verein engagiert, hält sich sehr in Grenzen. Es ist bereits schwierig, für die Vereinsführung und den eigenen Sportbetrieb genügend Freiwillige zu finden. Ich bin der Meinung, dass der Sport in den Schulen Angelegenheit des Staates ist, der hier genügend Sportlehrer einstellen sollte.

Im Übrigen können sich Schüler, die Interesse an Sport haben, den einzelnen Vereinen anschließen.

Einzigen Vorteil sehe ich darin, dass Schüler, die nicht sportmotiviert sind, hier eventuell einen Anschub erhalten.

Sportverein 5:

Die Vereine können, auf Grund der ehrenamtlichen Tätigkeit, nicht die Aufgaben der Schule übernehmen.

Sportverein 6:

Die Finanzierung eines Kooperationsprojektes von Seiten des Sportvereines müsste gesichert sein.

Außerdem bedürfte es einer expliziten pädagogischen Weiterbildung der im Ganztag eingesetzten Mitarbeiter des Sportvereins. Ich bin der Meinung, dass allein die Trainerausbildung hier nicht ausreicht. (Ich bin selber ÜL-C-Breitensport / Kinderturnen und bin seit 2 Jahren über den Kooperationspartner Gemeinde in einer Grundschule in den Klassen 1 und 2 für ein außerschulisches Sport-Förderangebot tätig; ich selbst habe eine pädagogische Ausbildung. Für Mitarbeiter des Sportvereins, die nicht über irgendeinen pädagogischen Hintergrund bzw. Erfahrungen verfügen, halte ich eine pädagogische Grundlagen-Ausbildung für absolut notwendig, bevor sie in einem Ganztagsangebot eingesetzt werden können.

Sportverein 7:

Leider ist es in unserer Zeit immer so, dass wir alles verbessern wollen. Allerdings laufen einige Sachen auch jetzt schon. Besonders die Kinder sollten auch die Möglichkeit haben einfach mal Kind zu sein. Lassen wir sie doch einfach nach der Schule mal u.a. in Vereinen auspowern, dann könnten wir uns eine Menge an ADHS-Medikamenten einsparen. Unser Verein ist ein Breitensportverein auf dem Land. Unser Ziel ist es nicht Spitzensportler groß zu ziehen. Wir wollen unseren Kindern die Möglichkeit bieten im Verein aktiv zu sein um von ihren schulischen Verpflichtungen ein wenig Abstand zu gewinnen. Sie sollen nicht ständig bei uns im Training beste Leistungen bringen, sondern einfach nur Freunde haben mit Mitmenschen in der Gemeinschaft schöne Erlebnisse zu haben und sich in Gruppen zurechtfinden und ihren Platz finden.

Sportverein 8:

Kooperation auf Augenhöhe ist größter Hemmschuh! Freiwilligkeit der Teilnahme der Schüler(innen) widerspricht der Idee eines Sportvereines. Die Eigenständigkeit und der Wert außerschulischer Bildung (Sportvereine) muss in jedem Fall gewahrt und sichtbar bleiben - v.a. für die Schüler bleiben! Es geht nicht um einen Sportunterricht mit externem Personal.

Sportverein 9:

Sportlehrer der Gymnasien sind sehr arrogant gegenüber "nicht studierten" (Fach-) Übungsleitern.

Hier wird niemals Augenhöhe herrschen.

Sportverein 10:

Die völlig unzureichende Bezuschussung der Übungsleiterhonorare (weniger als 10 % der im Verein anfallenden Kosten) macht es für den Verein unattraktiv, sich am Programm "Sport nach 1" zu beteiligen. Das ganze Programm ist meines Erachtens nur darauf angelegt, den Politikern Grund zur Selbstbeweihräucherung zu liefern. Vermutlich liegen die Kosten für Erstellung des Programms und die Verwaltung höher, als die Zuschüsse an die Vereine.

Die von unserem Verein angesprochene Schule brauchte 14 Tage, um die vollständig und regelgerecht vorgelegten Unterlagen zu unterschreiben. Nach wiederholter Vorsprache wurde die Unterschrift dann innerhalb von einer Minute geleistet, ohne dass die Schulleiterin die Unterlagen angesehen hat.

Bei einer zweiten angesprochenen Schule hatte die Schulleiterin trotz wiederholter Vorsprachen 4 Wochen lang keine Zeit, die eingereichten Unterlagen anzusehen bzw. zu unterschreiben. Anschließend warf sie die Unterlagen (einschließlich der miteingereichten Übungsleiterausweise) in den Papierkorb, ohne unseren Verein zu verständigen. Diese Ausweise mussten beim BLSV neu beantragt und ausgestellt werden.

Fazit: Die von uns angesprochenen Schulen (2 Hauptschulen) hatten sehr geringes oder gar kein Interesse an einer Zusammenarbeit mit dem Sportverein. In Summe ist das Programm aus meiner Sicht völlig wertlos, so lange:

- die Zuschüsse, die weniger als 10% der dem Verein entstehenden Kosten betragen, nicht vervielfacht werden

- die Schulen an einer Zusammenarbeit mit dem Sportverein vollkommen desinteressiert sind.

Sportverein 11:

Die Schulen scheinen das sportliche Angebot in ihrem Einzugsbereich nicht zu kennen - oder nicht kennen zu wollen.

Sportverein 12:

Oft fehlt es am Personal. Heutzutage sind bei Familien beide Partner berufstätig und sind froh, ihre Kinder in die Ganztagsschule abzugeben. Somit fehlt auch das Personal für dieses Angebot. Auch hab ich das Gefühl, dass der Freistaat Geld spart und Lehrerstellen abbaut und die Vereine dies dann, möglichst umsonst, auffangen sollen.

Sportverein 13:

Die Schulen würden den Vereinen nur Schaden, da viele Eltern sich dann die Mitgliedsbeiträge bei Vereinen sparen können. Der Nachwuchs bei den Vereinen würde nochmals zurückgehen, dieser ist momentan sowieso schon sehr gering.

Die Kinder würden dann den Schulsport vorziehen und sich komplett aus den Vereinen zurückziehen.

Wir haben Erfahrungen mit Sport nach 1 gemacht, diese waren so miserabel, dass wir diese Zusammenarbeit nach 2 Jahren beendet haben. Viel Aufwand, keine Neumitglieder, keine staatlichen Förderungen, man hat nur Mehrkosten, die einem niemand bezahlt, zudem der Zeitaufwand, der auch nicht ausgeglichen wird. Ich kann nur dazu abraten!

Sportverein 14:

Unser Verein ist an 3 SAG-Kooperationen beteiligt. Pro Angebot ist etwa nach der Hälfte des Schuljahres die Pauschale des Freistaates durch Übungsleitervergütung und Fahrtkosten aufgebraucht. Die zweite Hälfte des Schuljahres geht zu Lasten des Vereins. Diese Tatsache wird viele Vereine davon abhalten, solche Kooperationen einzugehen. Da die Schule der eigentliche Nutznießer solcher Kooperationen ist, ist es künftig notwendig, die Vereine, vor allem kleine, finanzschwache, besser zu unterstützen.

Sportverein 15:

Bemühungen der Politik für solch Kooperationen sind oftmals sehr gering; Angebote wie Schul-AGs werden nicht genügend gefördert.

Sportverein 16:

Es wird gesetzlich die Arbeit der Vereine immer schwieriger gemacht! Haftungsgründe verleiten immer mehr Menschen sich zurückzuziehen! Hier müssten einmal Politik + Vereine an einen Tisch sich setzen und die Vereinsprobleme "ernst" nehmen und nicht sagen: "Die Vereine sind kreativ und finden schon eine praktikable Lösung!"

Sportverein 17:

Vereine müssten finanziell besser unterstützt werden.

Sportverein 18:

Das größte Hindernis bei der Kooperation besteht aus Vereinssicht in der Verfügbarkeit der Übungsleiter. Normalerweise kann ein Übungsleiter, der tagsüber seiner Arbeit nachgeht, selten vor 17 Uhr für den Verein tätig sein.

Sportverein 19:

Übertragung des Sportunterrichts generell in die Verantwortung von örtlichen Sportvereinen!

Sportverein 20:

Es ist sehr schade, dass der Einsatz eines FSJlers in der Ganztagesschule nicht mal finanziell komplett unterstützt wird. Der Aufwand das alles umzusetzen ist ehrenamtlich nicht zu bewältigen wenn man noch voll im Berufsleben steht.

Sportverein 21:

Personalunion von Sportlehrkräften im Verein, scheint mir die günstigste Voraussetzung für eine gelungene Kooperation zu sein.

Sportverein 22:

Grundsätzlich sollte der Sport in Ganztagsschulen von hauptamtlichen Lehrkräften unterrichtet werden. Diese müssten aber dienstlich verpflichtet werden, dass sie mit den Sportvereinen vor Ort zusammenarbeiten und zum Beispiel auch die Betreuung von Mannschaften bzw. Wettkämpfen übernehmen.

Sportverein 23:

Tendenziell sieht es so aus, dass die Schulen Ganztagsangebote wünschen, jedoch nicht bereit sind finanzielle und organisatorische Mittel zur Verfügung zu stellen. Das Motto ist hier so zu sehen: Dem Verein wird eine Werbeplattform zur Verfügung gestellt und der Aufwand finanziert sich durch neue Mitglieder.

Daneben schicken bestimmte Vereine ihre bezahlten Profis für lau in die Schulen und laufen den Rand-sportarten damit den Rang ab.

Unabhängig davon ist festzustellen, dass demographische Effekte zu einer sich verstärkenden Konkurrenz zwischen den Randsportarten führen. Immer weniger Kinder verteilen sich auf die Vereine.

Sportverein 24:

Woher die Trainer nehmen und wie vollzeitbeschäftigen? Die meisten Vereine haben Trainer, die voll berufstätig sind und alles ehrenamtlich machen. Ein Konzept für den 'Normalverein', der im ländlichen Raum tätig ist und im Umkreis nur wenige Schulen hat, wäre gut. Im städtischen Raum und bei Vereinen mit bezahlter Geschäftsführung kann man das Konzept umsetzen. Was ist mit den anderen 90%?

Sportverein 25:

Finanzielle ordentliche Ausstattung und Planbarkeit sowie Übernahme des finanziellen Risikos durch die Schulen/Staat würde das Ganze erleichtern.

9.2 Anhang 2: Ergebnisse der Befragung von Schulleitern

1. Aus welchem Regierungsbezirk stammt Ihre Schule?

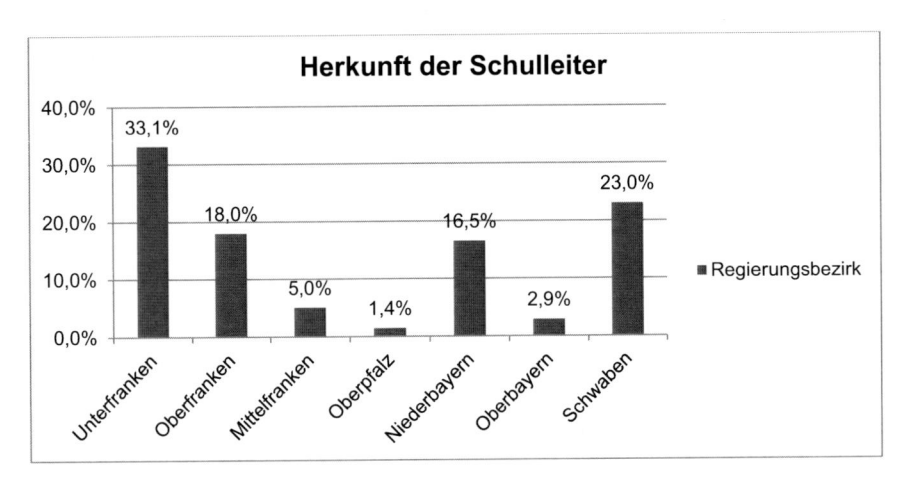

Herkunft der Schulleiter

- Unterfranken: 33,1%
- Oberfranken: 18,0%
- Mittelfranken: 5,0%
- Oberpfalz: 1,4%
- Niederbayern: 16,5%
- Oberbayern: 2,9%
- Schwaben: 23,0%

Betrachtet man die Herkunft der Schulleiter, zeigt sich eine deutliche Ungleichverteilung. Aus den Regierungsbezirken Unterfranken, Oberfranken, Niederbayern und Schwaben hat ein weitaus größerer Anteil an Schulleitern teilgenommen, als aus den übrigen Regierungsbezirken Mittelfranken, Oberpfalz und Oberbayern.

2. Wie viele Einwohner umfasst das Einzugsgebiet Ihrer Schule ungefähr?

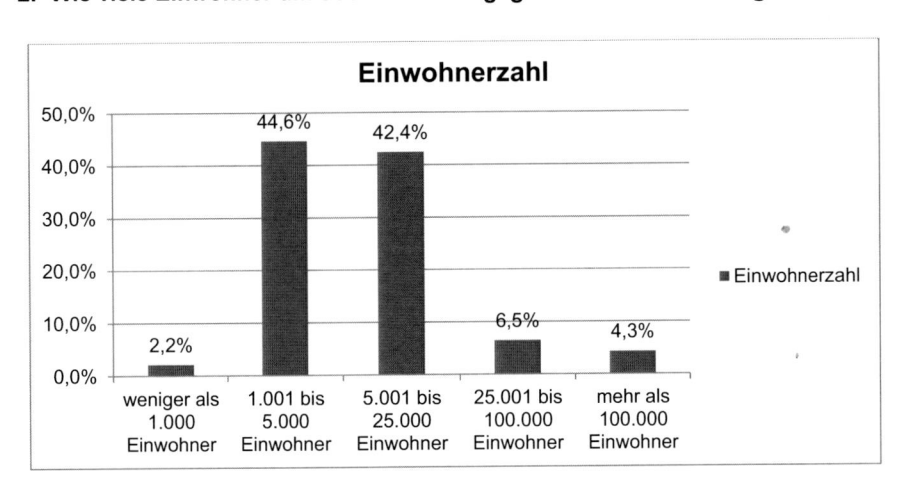

Einwohnerzahl

- weniger als 1.000 Einwohner: 2,2%
- 1.001 bis 5.000 Einwohner: 44,6%
- 5.001 bis 25.000 Einwohner: 42,4%
- 25.001 bis 100.000 Einwohner: 6,5%
- mehr als 100.000 Einwohner: 4,3%

3. Welchem Schultyp gehört Ihre Schule an?

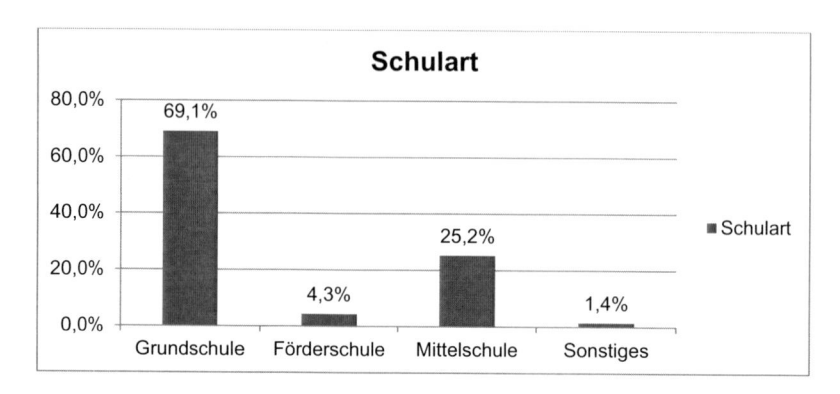

Schulart

- Grundschule: 69,1%
- Förderschule: 4,3%
- Mittelschule: 25,2%
- Sonstiges: 1,4%

4. Werden an Ihrer Schule Ganztagsangebote durchgeführt und wie zufrieden sind Sie mit dem aktuellen Status?

Ausbaustatus von Ganztagsangeboten an bayerischen Schulen

- Ja, an meiner Schule werden Ganztagsangebote durchgeführt und ich bin zufrieden damit: 54,7%
- Ja, an meiner Schule werden Ganztagsangebote durchgeführt, ich bin jedoch unzufrieden: 16,5%
- Nein, an meiner Schule werden keine Ganztagsangebote durchgeführt und ich bin zufrieden damit: 20,9%
- Nein, an meiner Schule werden bisher keine Ganztagsangebote durchgeführt, ich wünsche es mir aber: 7,9%

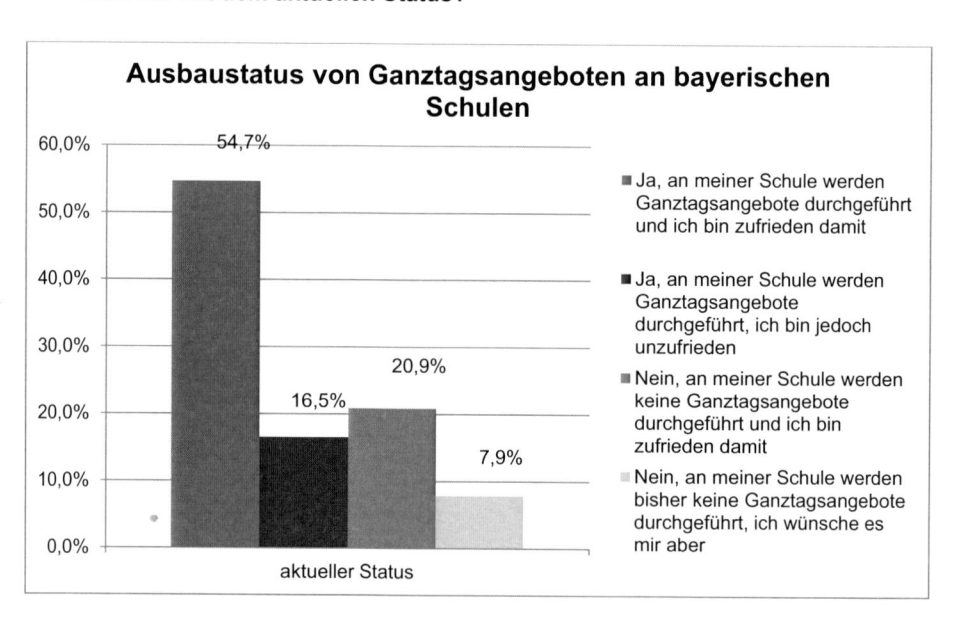

An rund 55 Prozent der befragten Schulen liegen Ganztagsangebote vor und die Schulleiter sind zufrieden mit dem aktuellen Status. Immerhin 16,5 Prozent der Schulleiter sind mit ihren aktuellen Ganztagsangeboten unzufrieden. Gründe für diese Unzufriedenheit sind im Rahmen der Befragung nicht zu entnehmen. 21

Prozent der Schulen wünschen sich keine Ganztagsangebote und immerhin 8 Prozent der Schulleiter wünschen sich derartige Angebote für die Zukunft.

5. Welche/-s Ganztagsangebot/-e wird/werden an Ihrer Schule durchgeführt?

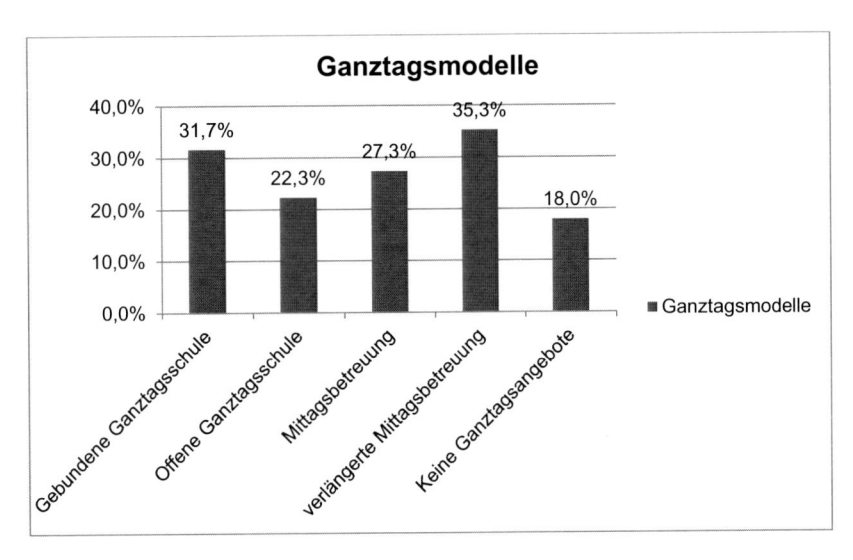

Ganztagsmodelle

- Gebundene Ganztagsschule: 31,7%
- Offene Ganztagsschule: 22,3%
- Mittagsbetreuung: 27,3%
- verlängerte Mittagsbetreuung: 35,3%
- Keine Ganztagsangebote: 18,0%

Mittagsbetreuung und verlängerte Mittagsbetreuung können nur an Grundschulen durchgeführt werden. Offene Ganztagsschulen hingegen nur an Schulen der Sekundarstufe. Da der größte Anteil der Antworten von Schulleitern von Grundschulen stammt, ist nur folgerichtig, dass auch der größte Anteil das Ganztagsmodell (verlängerte) Mittagsbetreuung durchführt.

6. Für wie sinnvoll halten Sie die folgenden Ganztagsschulmodelle? Bitte beziehen Sie sich hierbei auf allgemeine systemische Stärken und Schwächen.

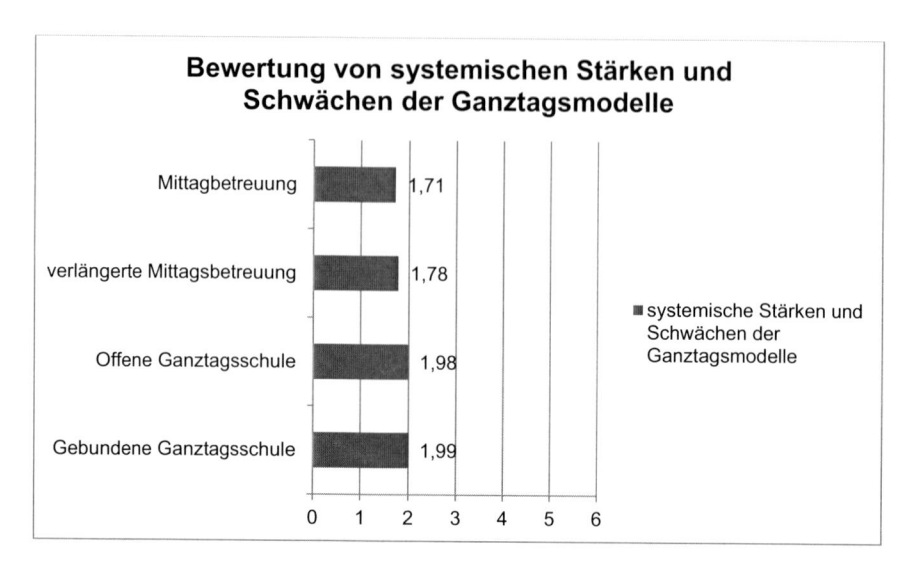

Bewertung von systemischen Stärken und Schwächen der Ganztagsmodelle

Modell	Wert
Mittagbetreuung	1,71
verlängerte Mittagsbetreuung	1,78
Offene Ganztagsschule	1,98
Gebundene Ganztagsschule	1,99

■ systemische Stärken und Schwächen der Ganztagsmodelle

Aus Sicht der befragten Schulleiter stellt die Mittagsbetreuung gefolgt von der verlängerten Mittagsbetreuung das sinnvollste Modell dar. Zu beachten ist, dass der Großteil der befragten Schulleiter Grundschulen angehören, und somit wohl eher weniger persönliche Erfahrung mit offenen Ganztagsschulen haben, da dieses Modell ja in der Regel nur an weiterführenden Schulen durchführt werden darf.

7. Wie umfangreich ist Ihre persönliche Erfahrung mit Ganztagsangeboten?

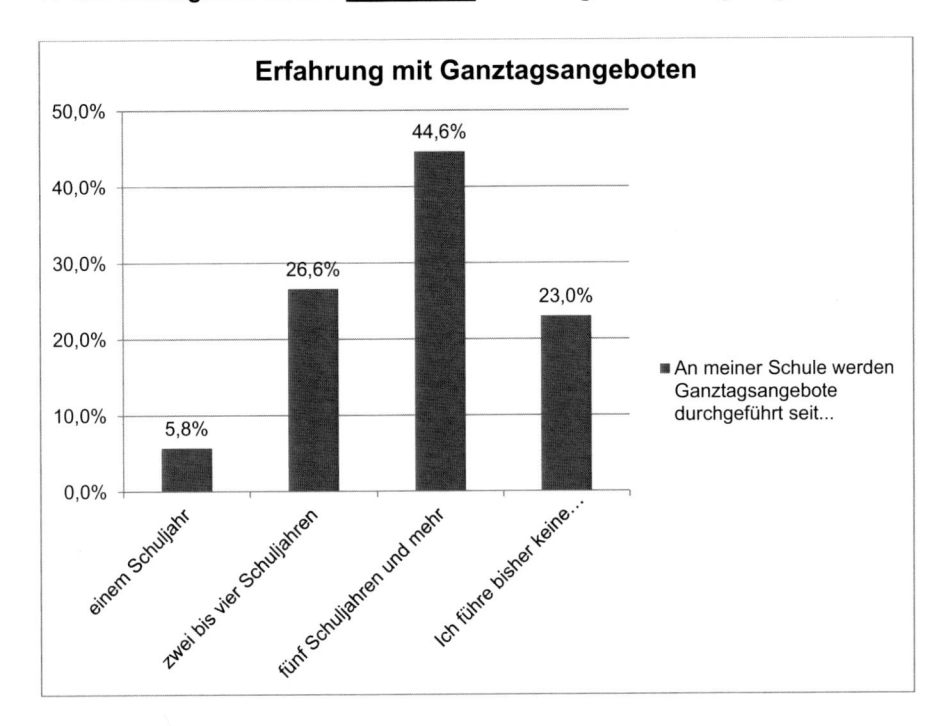

Erfahrung mit Ganztagsangeboten

- einem Schuljahr: 5,8%
- zwei bis vier Schuljahren: 26,6%
- fünf Schuljahren und mehr: 44,6%
- Ich führe bisher keine...: 23,0%

(An meiner Schule werden Ganztagsangebote durchgeführt seit...)

Der größte Teil der befragten Schulleiter (44,6 Prozent) weist bereits eine sehr große Erfahrung (mehr als fünf Jahre) mit Ganztagsangeboten auf.

8. Gibt es an Ihrer Schule externe (Kooperations-) Partner bzw. Träger für Ganztagsangebote? Wenn ja, um welche Art von Anbieter handelt es sich?

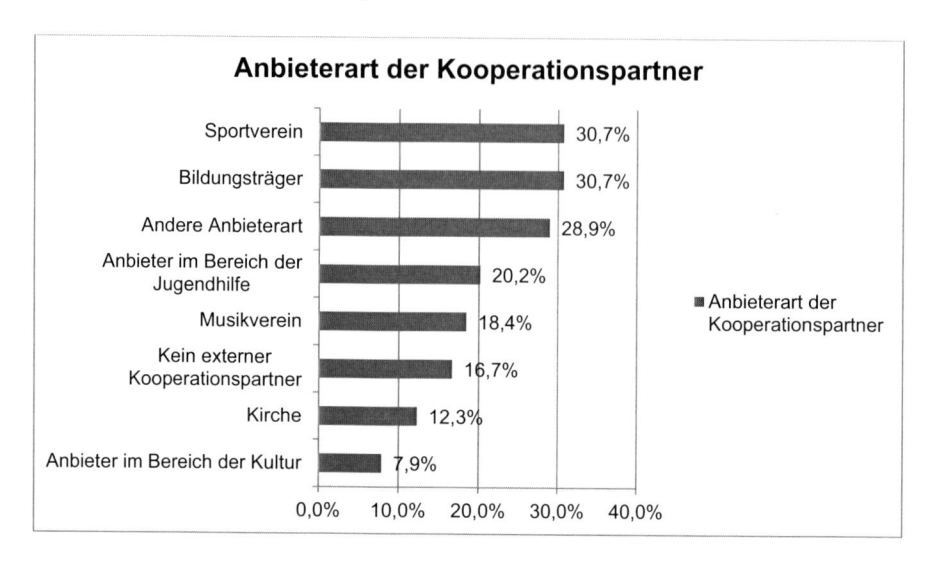

Anbieterart der Kooperationspartner

Anbieterart	Prozent
Sportverein	30,7%
Bildungsträger	30,7%
Andere Anbieterart	28,9%
Anbieter im Bereich der Jugendhilfe	20,2%
Musikverein	18,4%
Kein externer Kooperationspartner	16,7%
Kirche	12,3%
Anbieter im Bereich der Kultur	7,9%

Sportvereine, Bildungsträger und andere Anbieterarten (z.B. öffentlicher Träger, Wohlfahrtsverbände etc.) sind im Rahmen dieser Befragung die häufigsten Kooperationspartner von Schulen. Anbieter im Bereich der Kultur sowie Kirche sind als Kooperationspartner vergleichsweise schwach vertreten. Immerhin 16,7 Prozent der befragten Schulen führen ihre Ganztagsangebote ohne externen Kooperationspartner durch. Anzumerken ist bei dieser Frage, dass eine Mehrfachauswahl bei den Antworten möglich war. Die hier angegebenen Kooperationen können demnach auch nur in sehr geringem Umfang (beispielsweise Sport-nach1-SAG im Umfang von einer Schulstunde pro Woche) stattfinden.

9. Können Sie sich eine Kooperation mit einem Sportverein vorstellen?

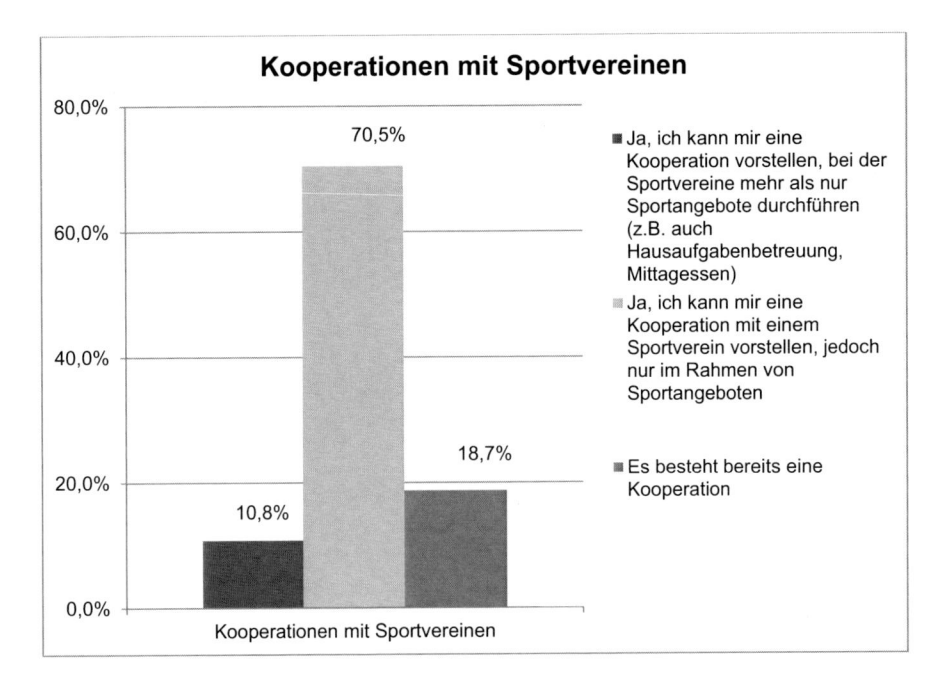

Kooperationen mit Sportvereinen

- 70,5% — Ja, ich kann mir eine Kooperation vorstellen, bei der Sportvereine mehr als nur Sportangebote durchführen (z.B. auch Hausaufgabenbetreuung, Mittagessen)
- 18,7% — Ja, ich kann mir eine Kooperation mit einem Sportverein vorstellen, jedoch nur im Rahmen von Sportangeboten
- 10,8% — Es besteht bereits eine Kooperation

Die Grafik zeigt das Marktpotenzial von Sportvereinskooperationen auf. Die Antwortmöglichkeit „Nein, ich kann mir keine Kooperation mit einem Sportverein vorstellen" wurde von keiner der 139 Schulen gewählt. Somit kann sich jede der befragten Schulen prinzipiell eine solche Kooperation, wenn auch in unterschiedlichem Umfang, vorstellen.

Dass sich der Großteil der Schulleiter eine Kooperation mit einem Sportverein nur im Rahmen von Sportangeboten vorstellen kann, lässt vermuten, dass bei Schulleitern offenbar nur wenige Erfahrungswerte in Bezug auf Vollkooperationen bzw. Trägerschaften von Ganztagsangeboten durch Sportvereine vorhanden sind und dadurch eine eher ablehnende Haltung gezeigt wird.

10. In welchem Umfang kooperieren Sie bereits mit Sportvereinen?

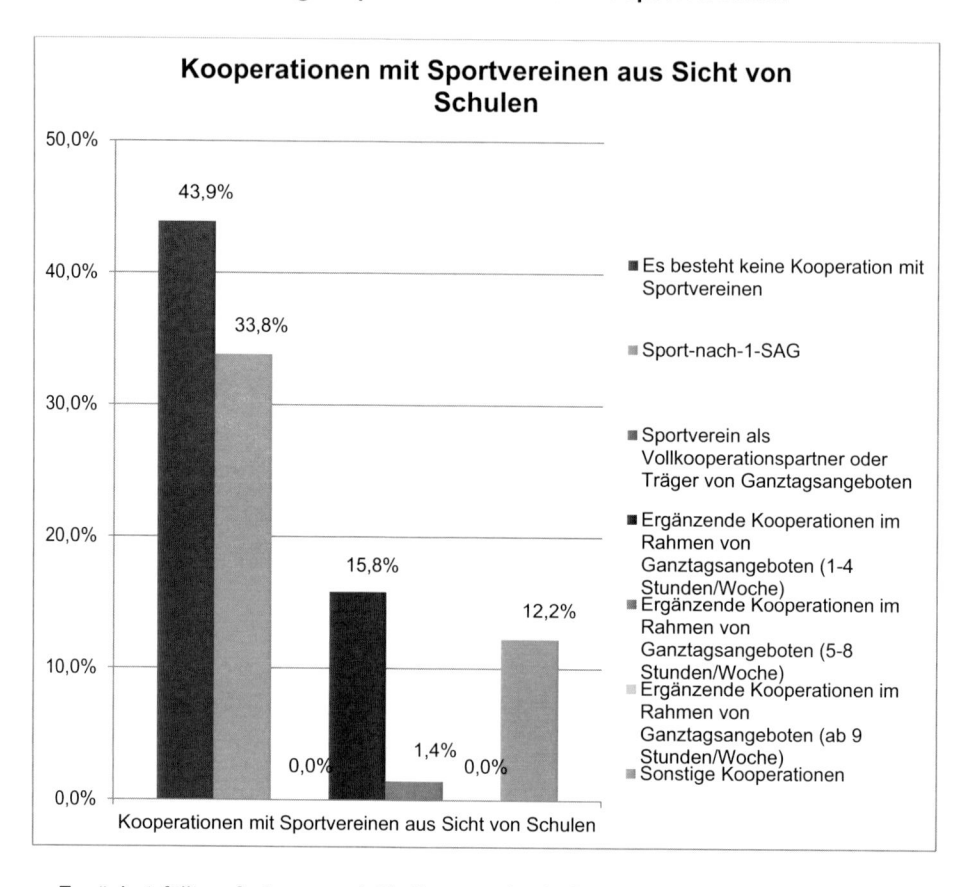

Kooperationen mit Sportvereinen aus Sicht von Schulen

- Es besteht keine Kooperation mit Sportvereinen: 43,9%
- Sport-nach-1-SAG: 33,8%
- Sportverein als Vollkooperationspartner oder Träger von Ganztagsangeboten: 0,0%
- Ergänzende Kooperationen im Rahmen von Ganztagsangeboten (1-4 Stunden/Woche): 15,8%
- Ergänzende Kooperationen im Rahmen von Ganztagsangeboten (5-8 Stunden/Woche): 1,4%
- Ergänzende Kooperationen im Rahmen von Ganztagsangeboten (ab 9 Stunden/Woche): 0,0%
- Sonstige Kooperationen: 12,2%

Zunächst fällt auf, dass rund 60 Prozent der befragten Schulen mit Sportvereinen kooperieren – wenn auch in unterschiedlichem Umfang. Die am häufigsten vorliegenden Kooperationsformen stellen Sport-nach-1-Sportarbeitsgemeinschaften (Sport-nach-1-SAGs) dar, welche von qualifizierten Übungsleitern oder Lehrkräften geleitet werden können. Zu berücksichtigen ist jedoch, dass diese Form der Kooperation oft nicht im Rahmen von Ganztagsangeboten durchgeführt wird, sondern auch für Schüler der Halbtagsschule offen steht. Daher ist im Hinblick auf die übrigen Ergebnisse insgesamt festzuhalten, dass das Engagement der Sportvereine im Rahmen von Ganztagsangeboten nur in geringem Umfang stattfindet. Sonstige Kooperationen (12,2 Prozent) umfassen in der Regel Kooperationen, welche nicht monetär vergütet werden, also beispielsweise gemeinsame Nutzung von Sportanlagen oder Kooperationen im Rahmen von Aktionstagen an Schulen.

11. Mit wie vielen Sportvereinen kooperiert Ihre Schule?

Im Durchschnitt kooperieren die befragten Schulen mit 0,91 Sportvereinen. Die Standardabweichung liegt bei 1,16; somit weist dieses Ergebnis eine relativ hohe Schwankungsbreite auf. Jedoch muss an dieser Stelle zusätzlich bedacht werden, dass diese Angaben oft auch unregelmäßige Kooperationen, wie beispielsweise Schnuppertrainings oder Mithilfe bei schulischen Veranstaltungen, umfassen. Dies wurde im Rahmen der Auswertung der Befragung ersichtlich. Interessant ist deshalb, an dieser Stelle auch den Modalwert zu betrachten. Dieser liegt bei 0 Sportvereinen. Am häufigsten wird somit angegeben, dass bisher nicht mit Sportvereinen kooperiert wird.

12. Wer verwaltet das Budget, welches der kooperierende Sportverein für seine Tätigkeiten im Rahmen des Ganztagsangebotes an Ihrer Schule erhält?

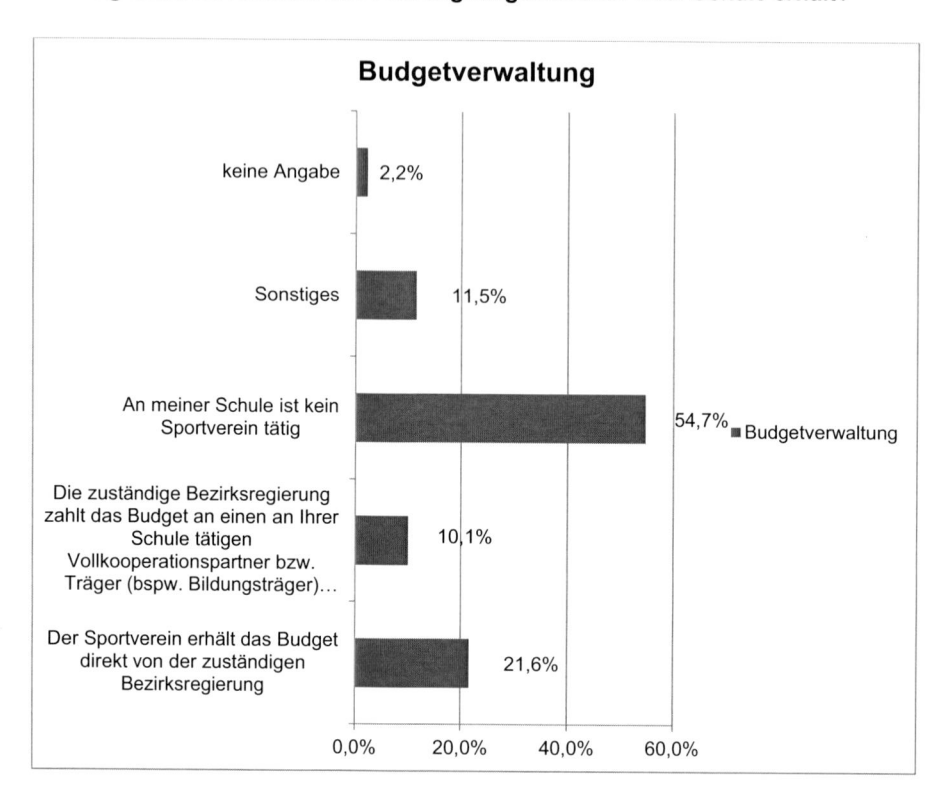

Budgetverwaltung

- keine Angabe: 2,2%
- Sonstiges: 11,5%
- An meiner Schule ist kein Sportverein tätig: 54,7%
- Die zuständige Bezirksregierung zahlt das Budget an einen an Ihrer Schule tätigen Vollkooperationspartner bzw. Träger (bspw. Bildungsträger)...: 10,1%
- Der Sportverein erhält das Budget direkt von der zuständigen Bezirksregierung: 21,6%

Rund 22 Prozent der Schulleiter geben an, dass der Sportverein das Budget direkt von der zuständigen Bezirksregierung (bzw. der LASPO für Sport-nach-1-SAGs) erhält, weitere rund 10 Prozent erhalten das Budget wiederum indirekt vom an der Schule tätigen Vollkooperationspartner oder Träger der Ganztagsangebote, welcher es zuvor von der Bezirksregierung erhalten hat. Bei Sonstiges wurde angegeben, dass Kooperationen oft auch unentgeltlich durchgeführt werden.

13. Auf welchen bestimmten pädagogischen Schwerpunkt neben Hausaufgabenbetreuung und Mittagsverpflegung ist das Ganztagsangebot an Ihrer Schule festgelegt?

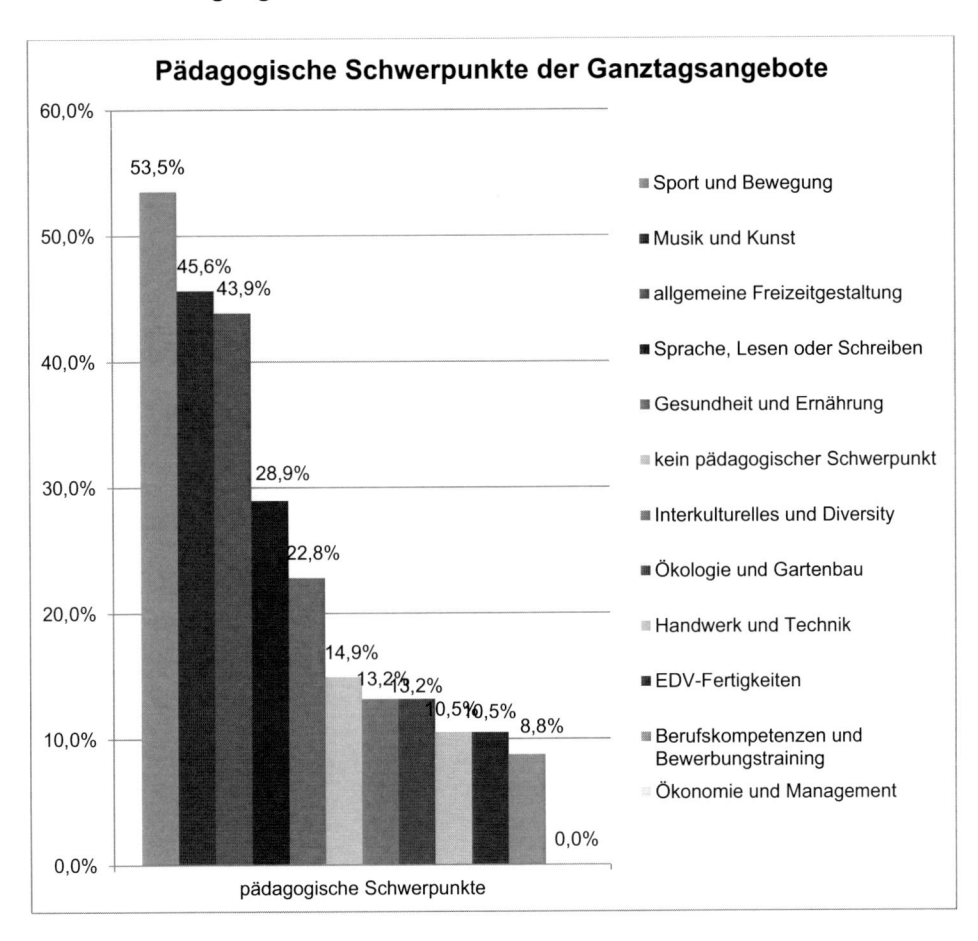

Pädagogische Schwerpunkte der Ganztagsangebote

- Sport und Bewegung: 53,5%
- Musik und Kunst: 45,6%
- allgemeine Freizeitgestaltung: 43,9%
- Sprache, Lesen oder Schreiben: 28,9%
- Gesundheit und Ernährung: 22,8%
- kein pädagogischer Schwerpunkt: 14,9%
- Interkulturelles und Diversity: 13,2%
- Ökologie und Gartenbau: 13,2%
- Handwerk und Technik: 10,5%
- EDV-Fertigkeiten: 10,5%
- Berufskompetenzen und Bewerbungstraining: 8,8%
- Ökonomie und Management: 0,0%

Die Befragung der Schulleiter ergibt, dass *Sport und Bewegung* mit 53,5 Prozent der bei der Stichprobe am häufigsten vorliegende pädagogische Schwerpunkt bei Ganztagsangeboten ist. Außerdem sind die Schwerpunkte *Musik und Kunst* sowie *allgemeine Freizeitgestaltung* weit verbreitet. Bei 14,9 Prozent existiert kein pädagogischer Schwerpunkt für das Ganztagsangebot.

14. Wie ist die Kooperation mit dem externen Partner zu Stande gekommen? Haben Sie sich zuerst für ein bestimmtes Konzept (z.B. Sport oder Musik im Ganztag) oder zuerst für einen bestimmten Träger entschieden?

56 Prozent geben an, sich zunächst für ein bestimmtes Konzept entschieden zu haben bzw. entscheiden würden um anschließend entsprechend den Anbieter auszuwählen. Die übrigen 44 Prozent würden umgekehrt vorgehen: Zuerst erfolgt die Auswahl des Anbieters, dann wird sich auf das entsprechende Konzept festgelegt.

15. Worauf legen Sie **persönlich** bei der Auswahl eines solchen Kooperationspartners / Trägers für Ihre Ganztagsangebote Wert?

Bitte bewerten Sie gem. Schulnotensystem, d.h. "1" bildet bspw. das Item ab, das Ihnen am wichtigsten erscheint.

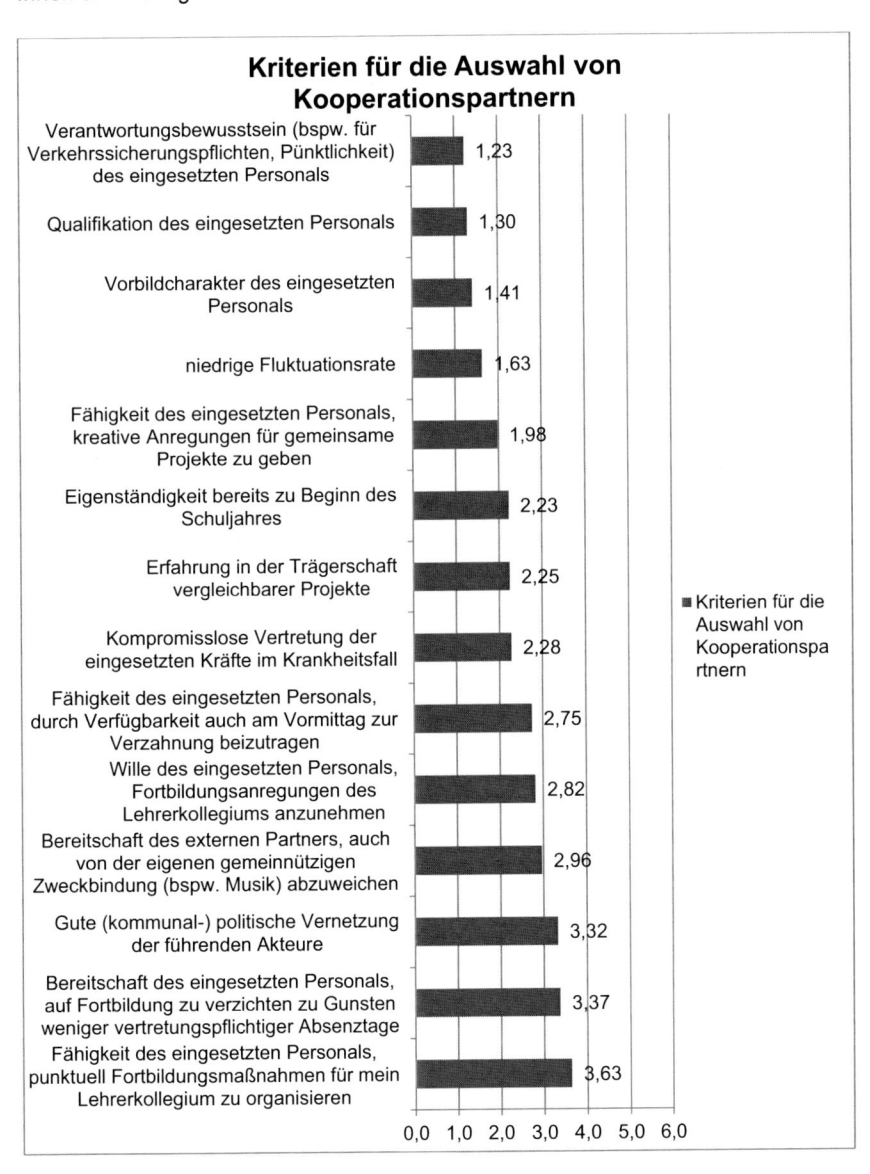

Kriterien für die Auswahl von Kooperationspartnern

Kriterium	Bewertung
Verantwortungsbewusstsein (bspw. für Verkehrssicherungspflichten, Pünktlichkeit) des eingesetzten Personals	1,23
Qualifikation des eingesetzten Personals	1,30
Vorbildcharakter des eingesetzten Personals	1,41
niedrige Fluktuationsrate	1,63
Fähigkeit des eingesetzten Personals, kreative Anregungen für gemeinsame Projekte zu geben	1,98
Eigenständigkeit bereits zu Beginn des Schuljahres	2,23
Erfahrung in der Trägerschaft vergleichbarer Projekte	2,25
Kompromisslose Vertretung der eingesetzten Kräfte im Krankheitsfall	2,28
Fähigkeit des eingesetzten Personals, durch Verfügbarkeit auch am Vormittag zur Verzahnung beizutragen	2,75
Wille des eingesetzten Personals, Fortbildungsanregungen des Lehrerkollegiums anzunehmen	2,82
Bereitschaft des externen Partners, auch von der eigenen gemeinnützigen Zweckbindung (bspw. Musik) abzuweichen	2,96
Gute (kommunal-) politische Vernetzung der führenden Akteure	3,32
Bereitschaft des eingesetzten Personals, auf Fortbildung zu verzichten zu Gunsten weniger vertretungspflichtiger Absenztage	3,37
Fähigkeit des eingesetzten Personals, punktuell Fortbildungsmaßnahmen für mein Lehrerkollegium zu organisieren	3,63

Variable	N	Mittelwert	Std Abw	Minimum	Maximum
Erfahrung in der Trägerschaft vergleichbarer Projekte	130	2,25	1,13	1,00	6,00
Bereitschaft von eigener Zweckbindung abzuweichen	123	2,96	1,27	1,00	6,00
Qualifikation des eingesetzten Personals	138	1,30	,75	1,00	6,00
Vorbildcharakter des eingesetzten Personals	135	1,41	,82	1,00	6,00
Fähigkeit des eingesetzten Personals, durch Verfügbarkeit auch am Vormittag zur Verzahnung beizutragen	127	2,75	1,43	1,00	6,00
Verantwortungsbewusstsein (bspw. für Verkehrssicherungspflichten, Pünktlichkeit) des eingesetzten Personals	133	1,23	,70	1,00	6,00
Fähigkeit des eingesetzten Personals, kreative Anregungen für gemeinsame Projekte zu geben	130	1,98	,84	1,00	6,00
Fähigkeit des eingesetzten Personals, punktuell Fortbildungsmaßnahmen für mein Lehrerkollegium zu organisieren	126	3,63	1,28	1,00	6,00
Wille des eingesetzten Personals, Fortbildungsanregungen des Lehrerkollegiums anzunehmen	127	2,82	1,16	1,00	6,00
Gute (kommunal-) politische Vernetzung der führenden Akteure	127	3,32	1,52	1,00	6,00
Bereitschaft des eingesetzten Personals, bereits mit Beginn des ersten Schultages eigenständig und ohne Zuarbeit/Abstimmung/Kontrolle durch Sie bzw. Ihr Lehrerkollegium	130	2,23	1,25	1,00	6,00
Kompromisslose Vertretung der eingesetzten Kräfte im Krankheitsfall	129	2,28	1,46	1,00	6,00
Bereitschaft des eingesetzten Personals, auf Fortbildung zu verzichten zu Gunsten weniger vertretungspflichtiger Absenztage	124	3,37	1,23	1,00	6,00
niedrige Fluktuationsrate	131	1,63	,82	1,00	6,00

Wichtigstes Kriterium aus Sicht der Schulleiter für die Auswahl eines Kooperationspartners ist Verantwortungsbewusstsein des eingesetzten Personals, beispielsweise im Hinblick auf Verkehrssicherungspflichten und Pünktlichkeit, gefolgt von der Qualifikation und Vorbildcharakter des Personals. Des Weiteren wird eine niedrige Fluktuationsrate erwünscht. Kontinuität wird wohl vor allem aus dem Grund gewünscht, da die Kinder zum Ganztagspersonal Vertrauen aufbauen und ein ständiger Personalwechsel Kinder womöglich negativ beeinflussen könnte. Zu beachten ist jedoch, dass der Einsatz von Freiwilligendienstleistenden automatisch eine Fluktuation zum Schuljahreswechsel mit sich bringt, da diese Beschäftigungsverhältnisse in der Regel auf 12 Monate begrenzt sind. Außerdem werden sich vom Ganztagspersonal kreative Ideen für gemeinsame Projekte erhofft.

Interessant ist, dass die Wichtigkeit der kompromisslosen Vertretung im Krankheitsfall im Vergleich zu anderen Aspekten eher im Mittelfeld angesiedelt wird. Dieses Vertretungsproblem stellt vor allem die Kooperationspartner vor große Herausforderungen, die nur in geringem Umfang mit Schulen zusammenarbeiten und nur schwer Vertretungspersonal bereitstellen können. Zwar erfährt dieser Aspekt mit einer Bewertung von 2,28 eine immer noch vergleichsweise hohe Wichtigkeit, Schulleiter scheinen hier jedoch zu Kompromissen bereit. Verzahnung des Ganztagsangebotes mit dem Unterricht am Vormittag kann einen wichtigen Mehrwert liefern, hat jedoch laut den Ergebnissen dieser Befragung eine eher untergeordnete Priorität. Nicht alle Beschäftigungsverhältnisse von Ganztagsschulpersonal bieten die Möglichkeit, diesen Mehrwert durch einen Einsatz des Personals am Vormittag zu erfüllen, beispielsweise durch den Einsatz von Freiwilligendienstleistenden könnte diese zusätzliche Leistung jedoch erbracht werden. Politische Vernetzung erhält von den Schulleitern eine relativ neutrale Bewertung, hierauf wird somit scheinbar eher weniger Wert gelegt.

Ein weiteres interessantes Ergebnis ist, dass Schulleiter offenbar befürworten, dass Personal Fortbildungen wahrnehmen kann und im Gegenzug jedoch Absenztage in Kauf genommen werden müssen. Dies spielt insbesondere im Hinblick auf Personalentwicklung eine wichtige Rolle und korreliert mit der Angabe, dass die Qualifikation des Personals bei Schulleitern eine hohe Wichtigkeit einnimmt.

16. **Welche Wichtigkeit haben die folgenden Entscheidungskompetenzen hinsichtlich Ihres Ganztagsangebots für Sie persönlich?**

Bitte bewerten Sie gem. Schulnotensystem, d.h. "1" bildet bspw. eine sehr hohe Wichtigkeit der Entscheidungskompetenz für Sie ab. Bitte beantworten Sie diese Frage nicht, sollten Sie keine Ganztagsangebote an Ihrer Schule durchführen.

Variable	N	Mittelwert	Std Abw	Minimum	Maximum
Beauftragung des externen Vollkooperationspartners/Trägers	106	1,95	1,01	1,00	5,00
Beauftragung weiterer externer Partner	101	2,55	1,26	1,00	6,00
Beauftragung von Lieferanten für Mittagsverpflegung	100	2,48	1,40	1,00	6,00
Kontrahierung (Preisgestaltung bei Mittagessen oder Elternbeiträgen)	99	2,62	1,28	1,00	6,00
Raumnutzungskonzept	107	1,75	,89	1,00	5,00
Raumgestaltungskonzept	105	2,20	,98	1,00	5,00
Personalentwicklung (Akquise, Fortbildung, Freisetzung von Personal des externen Partners)	103	2,16	1,05	1,00	6,00
Festlegung der Qualifikationsanforderungen an das Personal des externen Partners	107	1,79	,90	1,00	6,00
Festlegung der konkreten Einsatz- und Arbeitszeiten des Personals des externen Partners	106	2,04	1,20	1,00	6,00
Ausgestaltung von Vertretungsregelungen	105	2,17	1,24	1,00	6,00
inhaltliche Gestaltung des Ganztagsangebotes	107	1,75	,93	1,00	6,00
strukturelle Gestaltung des Ganztagsangebotes	104	1,87	1,00	1,00	6,00

17. **In welchem Maße nehmen Sie im Rahmen Ihres Ganztagsangebots folgende Entscheidungskompetenzen tatsächlich wahr?**

Bitte bewerten Sie gem. Schulnotensystem, d.h. "1" bildet bspw. eine sehr hohe Entscheidungskompetenz ab. Bitte beantworten Sie diese Frage nicht, sollten Sie keine Ganztagsangebote an Ihrer Schule durchführen.

Variable	N	Mittelwert	Std Abw	Minimum	Maximum
Beauftragung des externen Vollkooperationspartners/Trägers	101	2,62	1,82	1,00	6,00
Beauftragung weiterer externer Partner	94	3,14	1,93	1,00	6,00
Beauftragung von Lieferanten für Mittagsverpflegung	99	3,55	1,94	1,00	6,00
Kontrahierung (Preisgestaltung bei Mittagessen oder Elternbeiträgen)	99	3,84	1,82	1,00	6,00
Raumnutzungskonzept	102	1,87	1,17	1,00	6,00
Raumgestaltungskonzept	100	2,56	1,44	1,00	6,00
Personalentwicklung (Akquise, Fortbildung, Freisetzung von Personal des externen Partners)	100	3,49	1,76	1,00	6,00
Festlegung der Qualifikationsanforderungen an das Personal des externen Partners	99	3,12	1,73	1,00	6,00
Festlegung der konkreten Einsatz- und Arbeitszeiten des Personals des externen Partners	100	3,13	1,86	1,00	6,00
Ausgestaltung von Vertretungsregelungen	101	3,50	1,93	1,00	6,00
inhaltliche Gestaltung des Ganztagsangebotes	100	2,83	1,60	1,00	6,00
strukturelle Gestaltung des Ganztagsangebotes	101	2,81	1,71	1,00	6,00

Entscheidungskompetenzen der Schulleiter hinsichtlich ihrer Ganztagsangebote

Kategorie	tatsächlich vorhandene Entscheidungskompetenzen	Wichtigkeit der Entscheidungskompetenzen
Kontrahierung (Preisgestaltung bei Mittagessen oder Elternbeiträgen)	2,62	3,84
Beauftragung weiterer externer Partner	2,55	3,14
Beauftragung von Lieferanten für Mittagsverpflegung	2,48	3,55
Raumgestaltungskonzept	2,20	2,56
Ausgestaltung von Vertretungsregelungen	2,17	3,50
Personalentwicklung (Akquise, Fortbildung, Freisetzung von Personal des externen...)	2,16	3,49
Festlegung der konkreten Einsatz- und Arbeitszeiten des Personals des...	2,04	3,13
Beauftragung des externen Vollkooperationspartners/Trägers	1,95	2,62
strukturelle Gestaltung des Ganztagsangebotes	1,87	2,81
Festlegung der Qualifikationsanforderungen an das...	1,79	3,12
inhaltliche Gestaltung des Ganztagsangebotes	1,75	2,83
Raumnutzungskonzept	1,75	1,87

Im Rahmen dieser beiden Fragen soll verglichen werden, welche Wichtigkeit Entscheidungskompetenzen über genannte Aspekte für Schulleiter haben und in welchem Ausmaß sie diese Entscheidungskompetenzen tatsächlich wahrnehmen. Entscheidungskompetenzen über das Raumnutzungskonzept sind den Schulleitern sehr wichtig und zudem nehmen sie diese Entscheidungskompetenzen in hohem Maße wahr. Bei diesem Aspekt stehen Wichtigkeit und Wahrnehmung von Entscheidungskompetenzen ebenso wie bei Item „Raumgestaltungskonzept" nahezu überein. Die größten Differenzen liegen bei „Festlegung der Qualifikationsanforderungen an das Personal des externen Partners" sowie „Personalentwicklung (Akquise, Fortbildung, Freisetzung von Personal des externen Partners)" vor, Schulleiter scheinen sich also mehr Mitsprache bezüglich Personalentscheidungen zu wünschen, auch in Bezug auf Festlegung von Arbeitszeiten und Vertretungsregelungen. Hinsichtlich der Festlegung der Qualifikationsanforderungen ist festzuhalten, dass Schulleiter gem. Bekanntmachung des Kultusministeriums dazu verpflichtet sind, diese Anforderungen festzulegen. Schulleiter scheinen sich diese Entscheidungskompetenzen auch zu wünschen, nehmen sie jedoch in vergleichsweise geringem Ausmaß wahr. Des Weiteren wird Entscheidungskompetenzen bezüglich der inhaltlichen Gestaltung des Ganztagsangebotes eine hohe Wichtigkeit eingeräumt, welche auch in vergleichsweise hohem Ausmaß vorzuliegen scheinen. Dies trifft ebenso zu auf strukturelle Gestaltung des Angebots sowie die Beauftragen eines Vollkooperationspartners bzw. Trägers. Kaum Mitsprache treffen Schulleiter in Bezug auf Kontrahierung, also der Festlegung der Elternbeiträge und Preise für Mittagessen, hier werden jedoch auch die wenigsten Entscheidungskompetenzen gefordert.

18. Kooperationen mit Sportvereinen bringen Chancen für Schulen mit sich. Wie schätzen Sie diese Chancen ein?

Bitte bewerten Sie gem. Schulnotensystem, d.h. "1" gibt bspw. an, dass Sie in diesem Item ein sehr hohes Wirkungspotenzial sehen.

Chancen von Kooperationen mit Sportvereinen im Rahmen von Ganztagsangeboten

Item	Bewertung
pädagogische Vielfalt im Angebot	1,83
Hohe Attraktivität des Ganztagsangebots bei Schülern	1,88
Entwicklung von Selbst- und Sozialkompetenzen bei Schülern	1,92
Gesundheitswirkungen bei Schülern	1,92
Bereicherung des Schullebens durch zusätzliche Aktionen und Angebote durch den externen…	2,00
positive Außendarstellung der Schule	2,16
Hohe Akzeptanz des Angebots bei Eltern	2,16
Mehr Teilhabe der Schüler an (ganztags-) schulischen Aktivitäten	2,29
Höhere Teilhabe der Schüler an außerschulischen Aktivitäten (bspw. im…	2,31
Impulse zur Attraktivierung bzw. Belebung des Basissportunterrichts	2,34
ruhigere Unterrichtsgestaltung dank des kompensatorischen Charakters von Sport	2,53
erfolgreichere Schulmannschaften bei Wettbewerben	2,65
Scheinbare "Niedrigschwelligkeit" gepaart mit fundiertem Bildungskonzept	2,70
zusätzliche Helfer/Mitarbeiter bei schulischen Veranstaltungen	3,16
(kommunal-) politische Anerkennung durch Aufwandsträger (Kommune)	3,30

Variable	N	Mittelwert	Std Abw	Minimum	Maximum
Gesundheitswirkungen bei Schülern	138	1,92	,83	1,00	5,00
Mehr Teilhabe der Schüler an (ganztags-) schulischen Aktivitäten	135	2,29	1,09	1,00	6,00
Entwicklung von Selbst- und Sozialkompetenzen bei Schülern	138	1,92	,81	1,00	5,00
ruhigere Unterrichtsgestaltung dank des kompensatorischen Charakters von Sport	137	2,53	1,95	1,00	22,00
(kommunal-) politische Anerkennung durch Aufwandsträger (Kommune)	132	3,30	1,30	1,00	6,00
pädagogische Vielfalt im Angebot	136	1,83	,77	1,00	5,00
Hohe Attraktivität des Ganztagsangebots bei Schülern	134	1,88	,90	1,00	5,00
Hohe Akzeptanz des Angebots bei Eltern	135	2,16	,98	1,00	5,00
Scheinbare "Niedrigschwelligkeit" gepaart mit fundiertem Bildungskonzept	118	2,70	1,03	1,00	6,00
positive Außendarstellung der Schule	134	2,16	,94	1,00	6,00
erfolgreichere Schulmannschaften bei Wettbewerben	132	2,65	1,25	1,00	6,00
Impulse zur Attraktivierung bzw. Belebung des Basissportunterrichts	132	2,34	1,19	1,00	6,00
Höhere Teilhabe der Schüler an außerschulischen Aktivitäten (bspw. im Sportverein)	132	2,31	1,10	1,00	6,00
zusätzliche Helfer/Mitarbeiter bei schulischen Veranstaltungen	131	3,16	1,33	1,00	6,00
Bereicherung des Schullebens durch zusätzliche Aktionen und Angebote durch den externen Partner	138	2,00	,91	1,00	5,00

Die größten Chancen in Kooperationen mit Sportvereinen sehen Schulleiter in der pädagogischen Vielfalt im Angebot. Außerdem sind Bewegungs-, Spiel- und Sportangebote bei vielen Kindern sehr beliebt, sodass die Attraktivität des Ganztagsangebots aus Sicht der Schüler durch Bewegungsangebote zunimmt und auch die Akzeptanz bei Eltern steigt. Sport bietet – auch aus Sicht der Schulleiter – nicht nur Potenzial für Gesundheitswirkung bei Schülern sondern auch enorme Bildungspotenziale, die durch vielfältig gestaltete Bewegungsangebote genutzt werden können, sodass positive Auswirkungen auf die Entwicklung der Schüler, insbesondere im Hinblick auf Sozial- und Selbstkompetenzen, entstehen. Alles in allem sehen Schulleiter in allen in der Tabelle aufgeführten Punkten Chancen (Bewertungen liegen insgesamt unter dem neutralen Wert 3,5), im geringsten Ausmaß jedoch bei politischer Anerkennung durch die Kommune und zusätzlichen Helfern/Mitarbeiter für schulische Veranstaltungen, die Bewertung liegt hier jeweils über 3,00.

19. Wie hoch schätzen Sie die Wahrscheinlichkeit ein, dass folgende Risiken im Rahmen von Kooperationen mit Sportvereinen eintreten?

Bitte bewerten Sie gem. Schulnotensystem, d.h. "1" steht für eine sehr hohe Eintrittswahrscheinlichkeit.

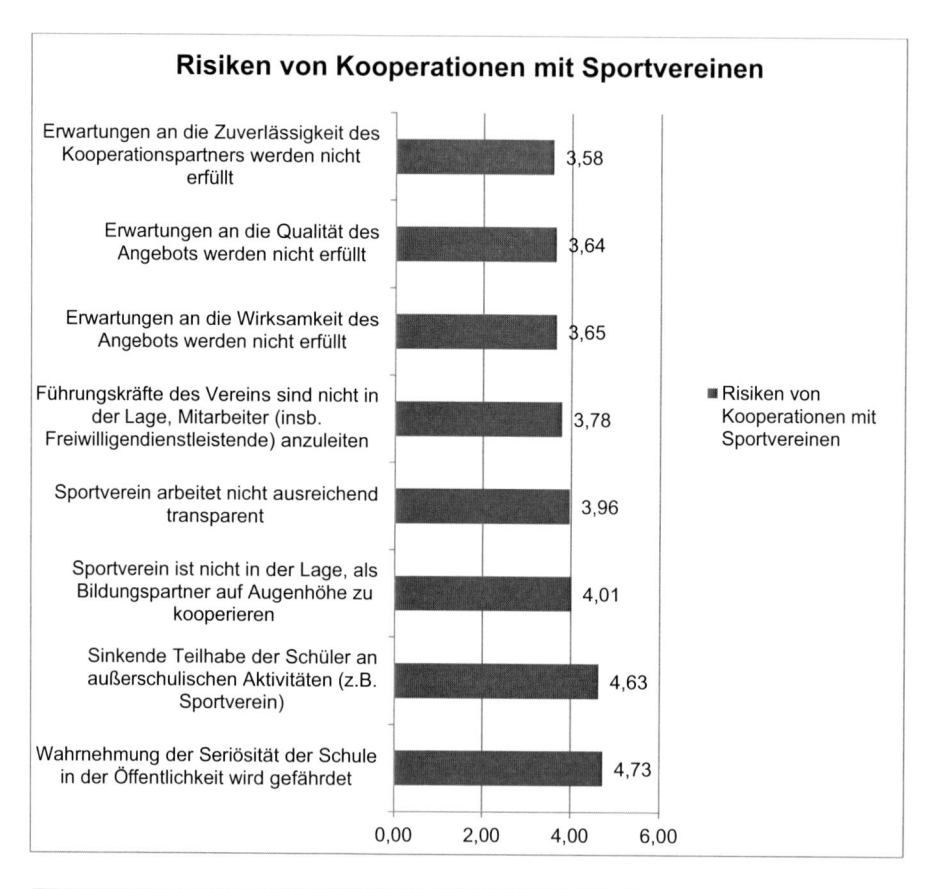

Risiken von Kooperationen mit Sportvereinen

Risiko	Mittelwert
Erwartungen an die Zuverlässigkeit des Kooperationspartners werden nicht erfüllt	3,58
Erwartungen an die Qualität des Angebots werden nicht erfüllt	3,64
Erwartungen an die Wirksamkeit des Angebots werden nicht erfüllt	3,65
Führungskräfte des Vereins sind nicht in der Lage, Mitarbeiter (insb. Freiwilligendienstleistende) anzuleiten	3,78
Sportverein arbeitet nicht ausreichend transparent	3,96
Sportverein ist nicht in der Lage, als Bildungspartner auf Augenhöhe zu kooperieren	4,01
Sinkende Teilhabe der Schüler an außerschulischen Aktivitäten (z.B. Sportverein)	4,63
Wahrnehmung der Seriosität der Schule in der Öffentlichkeit wird gefährdet	4,73

Variable	N	Mittelwert	Std Abw	Minimum	Maximum
Erwartungen an die Zuverlässigkeit des Kooperationspartners werden nicht erfüllt	137	3,58	1,27	1,00	6,00
Erwartungen an die Qualität des Angebots werden nicht erfüllt	138	3,64	1,19	1,00	6,00
Erwartungen an die Wirksamkeit des Angebots werden nicht erfüllt	136	3,65	1,17	1,00	6,00
Sportverein arbeitet nicht ausreichend transparent	136	3,96	1,16	1,00	6,00
Führungskräfte des Vereins sind nicht in der Lage, Mitarbeiter (insb. Freiwilligendienstleistende) anzuleiten	136	3,78	1,34	1,00	6,00
Sportverein ist nicht in der Lage, als Bildungspartner auf Augenhöhe zu kooperieren	136	4,01	1,29	1,00	6,00
Wahrnehmung der Seriosität der Schule in der Öffentlichkeit wird gefährdet	137	4,73	1,21	2,00	6,00
Sinkende Teilhabe der Schüler an außerschulischen Aktivitäten (z.B. Sportverein)	137	4,63	1,25	1,00	6,00

Generell halten Schulleiter Kooperationen mit Sportvereinen in Bezug auf die vorgegebenen Aspekte im Durchschnitt nicht für risikoreich. Nicht einmal die Möglichkeit der sinkenden Teilhabe der Schüler an außerschulischen Aktivitäten wird befürchtet. Von den befragten Sportvereinen wird dies im Gegensatz als großes Risiko betrachtet. Subtrahiert man jedoch die jeweilige Standardabweichung vom entsprechenden Mittelwert, lässt sich nur für die Items „Seriosität" und „Teilhabe" eine bedenkenfreie Einschätzung verifizieren. In allen anderen Items bestehen hingegen durchaus bei einigen Schulen in signifikantem Maße Wahrnehmungen beachtlicher Risiken. Hervorzuheben sind an dieser Stelle Befürchtungen hinsichtlich Zuverlässigkeit sowie Qualität und Wirksamkeit des Angebotes. Diese Annahme wiederum deckt sich mit den im Rahmen der vorliegenden Arbeit erzielten Ergebnissen: Die Sportvereinsangebote an Schulen sind oftmals wenig zielgerichtet, ohne fundiertes Konzept und nur bedingt wirksam.

20. **Sind Sie der Meinung, dass ein qualifiziertes Beratungsangebot, das sich an Schulen und Vereine richtet, generell hilft, um Kooperationen mit Sportvereinen strukturell zu unterstützen?**

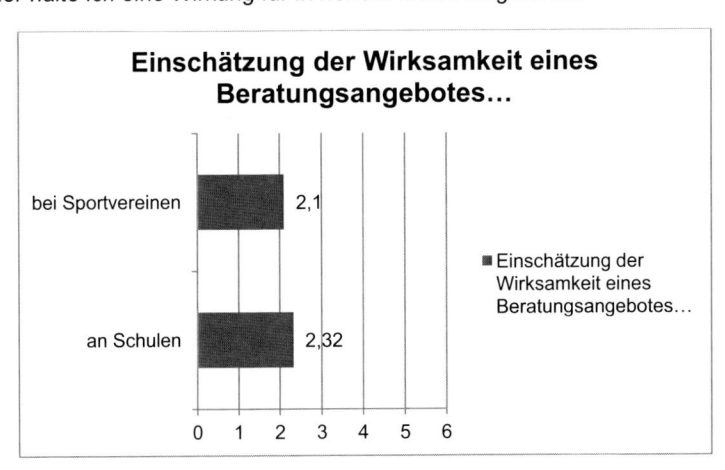

"1" = hier halte ich eine Wirkung für in hohem Maße möglich etc.

Einschätzung der Wirksamkeit eines Beratungsangebotes...

bei Sportvereinen	2,1
an Schulen	2,32

■ Einschätzung der Wirksamkeit eines Beratungsangebotes...

Die befragten Schulleiter halten bei Sportvereinen die Wirksamkeit eines Beratungsangebotes tendenziell etwas höher ein.

21. **Wer würde aus Ihrer Sicht mehr von einem solchen Beratungsangebot profitieren?**

Zwar wird angegeben, dass ein Beratungsangebot generell sowohl Sportvereinen als auch Schulen helfen würde, davon profitieren würden aus Sicht der Befragten jedoch in größerem Ausmaß Sportvereine. Nur 40 Prozent geben an, dass Schulen von solch einem Beratungsangebot mehr profitieren würden.

22. **Würden Sie ein solches Beratungsangebot prinzipiell in Anspruch nehmen wollen?**

Nahezu 86 Prozent der Schulleiter geben an, dass sie ein solches Beratungsangebot grundsätzlich in Anspruch nehmen würden. 14 Prozent schließen dies von vorherein aus.

23. **Wären Sie bereit, für ein solches Beratungsangebot eigene finanzielle Mittel einzusetzen?**

Bereit eigene finanzielle Mittel einzusetzen wären nur rund 11 Prozent der 139 befragten Schulleiter. 89 Prozent würden für ein Beratungsangebot keine eigenen finanziellen Mittel einsetzen wollen. Dies ist auch darauf zurückzuführen, dass Schulen für derartige Angebote in der Regel kein Budget zur Verfügung steht. Eine Möglichkeit jedoch wäre beispielsweise über einen Förderverein an finanzielle Unterstützung zu gelangen.

24. **Was erwarten Sie sich von einer solchen Beratung konkret? Welche Hilfestellungen für das Zustandekommen von Ganztagsschulkooperationen sind aus Ihrer Sicht notwendig?**

"1" = in hohem Maße erforderlich, "6" = überhaupt nicht erforderlich usw.

Wie auch die bisherigen Ergebnisse vermuten lassen, sehen Schulen die größten Bedarfe für Hilfestellungen im Bereich der rechtlich-strukturellen Beratung für externe Kooperationspartner, gefolgt von inhaltlich-pädagogischer Beratung für Sportvereine. Die größten Bedarfe für die Beratung von Schulen sehen Schulleiter ebenfalls im Bereich der rechtlich-strukturellen Beratung. Erwartungsgemäß die niedrigste Bewertung erhält pädagogische Beratung für Schulen.

Notwendigkeit von Hilfestellungen im Rahmen eines Beratungsangebotes in den Bereichen

Bereich	Wert
Rechtlich-strukturelle Beratung für externe Kooperationspartner/Träger	2,02
Inhaltlich-pädagogische Beratung für externe Kooperationspartner/Träger	2,16
Rechtlich-strukturelle Beratung für Schulen	2,24
Moderierter Austausch zwischen den Systemen "Externe" und "Schule"	2,55
Ökonomische Beratung für externe Kooperationspartner/Träger	2,7
Ökonomische Beratung für Schulen	2,71
Inhaltlich-pädagogische Beratung für Schulen	2,82

■ Notwendigkeit von Hilfestellungen in den Bereichen...

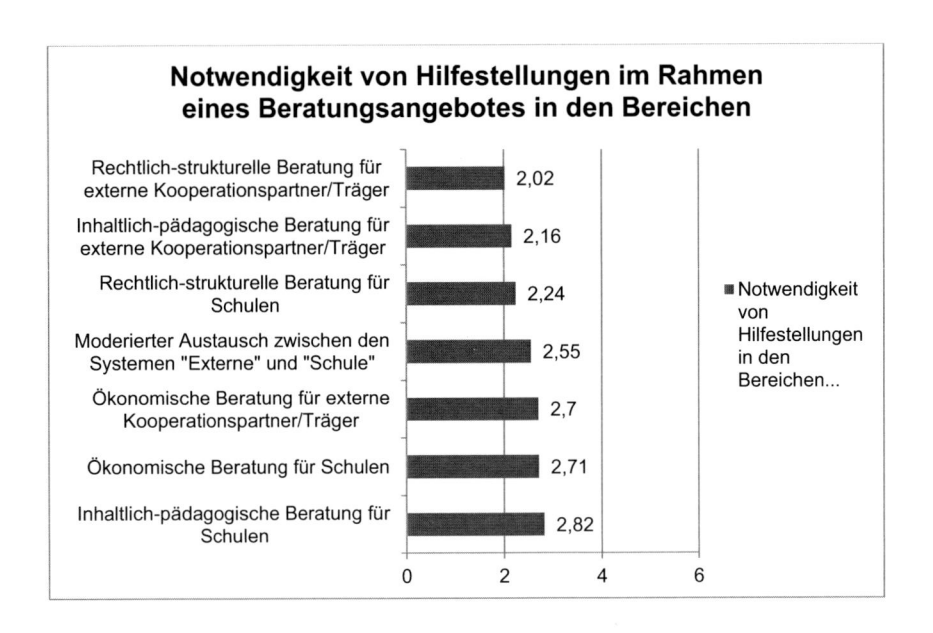

25. Haben Sie sonstige Anregungen?

Schulleiter 1:

Zusammenarbeit Schule-Verein halte ich für sehr wichtig. Wir müssen vor allem über die Schule hinaus denken und den Kindern sinnvolle Freizeitangebote bieten, die ihnen im Leben weiterhelfen. Durch die Zusammenarbeit im Verein (Sportverein) lernen sie Fähigkeiten und Fertigkeiten, die die Schule nur bedingt leisten kann, z.B. - Teamfähigkeit, Frustrationstoleranz, neue Freunde, mehr Lebensqualität (Zusammenarbeit mit Musikverein), sinnvolle Freizeitbeschäftigung u.v.m. Wir bemühen uns seit längerem um bessere Zusammenarbeit, jedoch scheitert es meist an der Zeit der Vereinsmitglieder (Vereine die bereits mitarbeiten: Skiclub, Schachclub, Musikzug, Turnverein) Möglich wären noch Volleyball-, Fußball-, Tischtennis-, Inline-Hockey-Verein, aber auch Trachtenverein u.a.

Schulleiter 2:

Unsere Sportvereine haben nachmittags keinen Personenkreis zur Verfügung, der im Rahmen der Mittagsbetreuung sportliche Aktivitäten durchführen könnte.

Schulleiter 3:

Ich als Schulleiter einer Ganztagesschule sehe das Hauptproblem in Sachen Vereine an Schulen in der Verfügbarkeit des Personals. Welcher Übungsleiter hat Zeit am Vormittag, Mittag oder Nachmittag sich für ein Schuljahr und nur wenige Stunden zu binden. Dies ist die Hauptproblematik, die mir bereits durch viele Vereine mit denen ich Kooperationen anstrebte mitgeteilt wurde. Ganztagesschulen müssen verstärkt mit Lehrkräften ausgestattet werden, alles andere sind Sparmodelle, die qualitativ keinen hohen Standard haben. Darin sind sich viele Schulleiter einig. Ich halte die Umfrage zum Teil für zu komplex ausdifferenziert. Einfachere Fragestellungen führen m.E. auch zu einem Stimmungsbild, was Schulen oder Vereine für eine verstärkte Kooperation im Ganztag brauchen.

Schulleiter 4:

Bei uns vor Ort scheitern Kooperationen mit Sportvereinen aus zwei Gründen:

- *fehlende Übungsleiterscheine, die genau für die Schulen geeignet sind (die Ehrenamtlichen haben oft andere Trainerscheine)*
- *keine freie Zeit der Übungsleiter/Ehrenamtlichen am Nachmittag, da sie meist selbst berufstätig sind*

Schulleiter 5:

Zielführender wären verstärkte Angebote im Rahmen des Stundenbudgets der Schule durch Lehrkräfte und Vereins-Übungsleiter bei entspr. Bezahlung:

- *Sport: diff. Sport, Wettkampfsport, Sportförderunterricht,…*
- *Musik: Chor, Instrumentalunterricht, Show, Schulspiel, …*
- *Kunst: spez. Gruppen, Schulhausgestaltung, …*
- *Schulgarten, Energie, Umwelt, ….*

Schulleiter 6:

Das Problem ist in der Regel der Zeitfaktor. All meine Versuche den hiesigen Sportverein in den Schulsport zu integrieren, um den Differenzierten Sportunterricht attraktiver zu gestalten, scheiterten meist daran, dass am Nachmittag zwischen 14 und 16.00 Uhr kaum jemand von den Übungsleitern Zeit hatte, in die Schule zu kommen. Das war nicht unwillig, sondern einfach mit den Arbeitszeiten der ÜL nicht zu vereinbaren. Zu unserem großen Bedauern.

9.3 Anhang 3: Höhe der Fördersummen des Freistaats Bayern

Offene Ganztagsschulen:

Für staatliche Schulen wurde ab dem Schuljahr 2014/2015 folgendes Budget festgesetzt (darin enthalten: Beteiligung der Kommunen in Höhe von 5.000 €):

- 28.700 Euro bei Mittelschulen
- 32.600 Euro bei Volksschulen zur sonderpädagogischen Förderung, Sonderpädagogische Förderzentren
- 24.850 Euro bei Realschulen, Wirtschaftsschulen, Gymnasien

(Quelle: http://www.km.bayern.de/ganztagsschule)

Gebundene Ganztagsschulen:

Bereitstellung von Haushaltsmitteln in Höhe von jährlich 6.100 Euro pro Ganztagsklasse und Schuljahr für Betreuungsaufgaben, außerschulische Angebote etc. (darin enthalten: Beteiligung der Kommunen in Höhe von 5.000 Euro). Grund- und Förderschulen erhalten ab dem Schuljahr 2013/2014 pro gebundener Ganztagsklasse und Schuljahr in Jahrgangsstufe 1 zusätzlich 4.500 €, in Jahrgangsstufe 2 zusätzlich 3.000 €. Die Schulen erhalten dadurch erweiterte Möglichkeiten, die Bildungs- und Betreuungsangebote quantitativ und qualitativ zu steigern.

(Quelle: http://www.km.bayern.de/ganztagsschule)

(verlängerte) Mittagsbetreuung:

5.1 Staatliche Förderung

Für Einrichtungen zur Mittagsbetreuung, die ohne weitere finanzielle staatliche Förderung unterhalten werden, können bei Erfüllung der dargestellten Vorgaben auf Antrag nach Maßgabe der im Haushalt dafür bereitgestellten Mittel Zuschüsse gewährt werden.

5.1.1 Die Mittagsbetreuung gemäß **Nr. 1.1** wird jährlich mit 3.323 € pro Gruppe und Schuljahr bezuschusst.

5.1.2 Die verlängerte Mittagsbetreuung gemäß **Nr. 1.2.1** wird jährlich mit 7.000 € pro Gruppe und Schuljahr bezuschusst.

5.1.3 Die verlängerte Mittagsbetreuung gemäß **Nr. 1.2.2** wird jährlich mit 9.000 € pro Gruppe und Schuljahr bezuschusst.

5.1.4 Finanzielle Beiträge der Erziehungsberechtigten und eventuelle finanzielle Beiträge des Trägers des Schulaufwands an einen privatrechtlichen Träger stehen einer Förderung nicht entgegen.

5.1.5 Das Staatsministerium für Unterricht und Kultus weist der Regierung nach Maßgabe des Haushalts die Mittel zu.

(Quelle: Mittagsbetreuung und verlängerte Mittagsbetreuung an Grund- und Förderschulen Bekanntmachung des Bayerischen Staatsministeriums für Unterricht und Kultus vom 7. Mai 2012 Az.: III.5-5 S 7369.1-4b.13 566)

9.4 Anhang 4: Stakeholderanalyse

Beschreibung	Erwartungen vom Verein an Stakeholder	Erwartungen vom Stakeholder an den Verein	Macht und Einfluß Faktor	Macht und Einfluß Bemerkung	Erwartbare Konflikte Faktor	Erwartbare Konflikte Bemerkung	Nähe zum Verein Faktor	Gewichtung
Schüler	Teilnahme am Angebot, Teilhabe am sozialen System Sport, Entwicklung von Sozial-, Selbst- und Gesundheitskompetenzen	Attraktivität des Angebots	2	nimmt am Angebot teil	2	besonders verhaltensauffällige Kinder können Konflikte verursachen	5	4
Eltern	Zuverlässige Zahlung der Beträge für Betreuung und Mittagessen	Zuverlässige Betreuung der Kinder, Verantwortungsbewusstsein, vorbildhaftes Verhalten des Personals	3	Entscheiden über die Teilnahme des Kindes am Angebot	3	oft mit hoen Ansprüchen an das Angebot	4	9
Schulleiter	Beauftragung des Vereins, Einhaltung der vertraglichen Vereinbarung, gegenseitige Anerkennung und Wertschätzung	Erfüllung der vertraglichen Vereinbarung, Bereitstellung des Personals, Attraktivität und Wirksamkeit des Angebots, Zuverlässigkeit, Verantwortungsbewusstsein, vorbildhaftes Verhalten des Personals	5	wählt Kooperationspartner aus, Entscheidungskompetenzen liegen zu großen Teilen beim Schulleiter	4	aufgrund der großen Macht des Stakeholders und gleichzeitig auch der Nähe zum Projekt hohes Konfliktpotenzial	5	20
Freistaat Bayern	korrekte und zügge Zuschussvergabe, problemorientierte und sachliche Zuarbeit	Ordnungsgemäße Ressourcenverwendung, Transparenz, Effektivität	5	entscheidet über die Realisierung von Ganttagsangeboten und die Vergabe der staatlichen Zuschusse	3	Zuschussvergabe	2	15
Kommunen	korrekte und zügge Zuschussvergabe, Wertschätzung und Anerkennung, problemorientierte und sachliche Zuarbeit	Ordnungsgemäße Ressourcenverwendung, Transparenz, Teilhabe, Wertschätzung, Effektivität	4	Entrichtung von Zuschüssen, welche Voraussetzung für die Einrichtung von offener und gebundener Ganztagsschule sind	3	Zuschussvergabe	2	12
BLSV	machtige politische Vertretung, Vergabe und Vermittlung von Leistungen in angemessenem Maße (Fördermittel, Versicherungen, Beratungsangebote, Konzessionen, Zertifikate, Bildungsentwicklung, Ausbildungsplätze, Lizenzen)	Vereinsentwicklung zum Zwecke des Mitgliederzuwachses, Einhaltung und Identifikation mit satzungsmäßigen Zielen, Zuwachs von Aktivität und Bewegung in der Bevölkerung	4	Monopol, politische Vertretung, Anerkennung als Sportverein, Leistungen (Versicherungen, Beratung, Zertifizierung, Aus- und Fortbildung, Freiwilligendienste)	2	im Bereich Aus- und Fortbildung, Freiwilligendienste, Strukturkonflikte	3	8